はじめに

　近年、消防職員の活動が描写されているドラマや映画が非常に増えて、消防という組織は、国民から、厚い信頼と支持を受けています。しかし、その一方で、消防という組織を取り巻く環境にも大きな変化が起きました。市町村合併やメディカルコントロールに、消防という組織だけでは決して解決することができない複雑な問題や課題も抱えています。その問題は国民の不安を煽るものであり、様々な情報によって、これまでは国民が知る由もなかった内容が開示されるようになったりしています。この中で起きるトラブルの多くは、コミュニケーションエラーによるものが大半です。今の時代は、消防職員としての知識や技術に加え、高いコミュニケーション能力も求められているといっても過言ではありません。

　本書は『月刊消防』で2008年1月号から12月号までに連載された「消防職員のためのコミュニケーションスキルアップ講座」において読者からご好評をいただき、消防の現場の皆様からの質問等に回答ができるようにと、連載では書ききれなかった内容を新たに加筆して、皆様のコミュニケーションスキルアップに役立てていただけるように、個人個人が学習できるワークブック形式にしました。

　コミュニケーションには、「これが正解！」という答えはありません。コミュニケーションは、相手の評価がすべてであって、受け手がどのように感じるかによって、善し悪しが決められてしまうものですが、できるだけ、どのような人にも対応できるような平均的なスキルは持ち合わせていたいものですよね。

　どんなに高い知識や技術を持っていても、相手からのコミュニケーションの拒否が起きてしまえば、その技術や知識を与えることはできません。一人ひとりに高い知識・技術があっても、チーム（隊）でのコミュニケーションが図られていなければ、円滑な活動にはつながりません。

　大規模災害の現場では、消防・救助・救急が三位一体となって初めて消防活動といえると考えています。また、予防査察や現場の職員を支える部署があるからこそ、国民の安全は守られるものだと思っています。現場の職員から事務職、全員がいて消防という組織。国民の安全のためにも、職場内でのコミュニケーションも大切にしてもらえれば、本当に嬉しい限りです。

　本書は、新人職員からベテラン職員の方まで、現場から職場のことまで、楽しみながらコミュニケーションを学んでいただける内容にしました。そして、スポーツの業界や「ブログ」の世界では非常に著名なイラストレーターのA子さんにイラストをお願いしました。A子さんは、消防という組織のことは一切知らない方ですが、一国民の目線で描いて欲しいという、私の強い希望があって、イラストをお願いしました。A子さんのイラストにもぜひご注

目ください。
　一人ひとりが「この場合、自分なら何と言うだろうか……」を考えて、楽しみながらコミュニケーションのスキルアップを図っていただけるワークブックをぜひ活用していただき、消防職員の皆様が円滑なコミュニケーションを図ることによって、今まで以上にもっともっと国民から厚い信頼を得てくだされば、本当に幸いです！
　平成 21 年 7 月

渡部　須美子

目次

はじめに

第1章　そもそも、コミュニケーションって何だろう？「コミュニケーション」の意味を知る！ ……… 1
1. そもそも、コミュニケーションって何だろう？ ……………………… 1
   - ワークシート1　職場内でやってみよう！ ……………………… 3
2. 消防職員の接遇とは？
   ～消防職員である前に、まずは社会人としてのマナーを身に付ける～ ……… 5
   - ワークシート1　チェックリスト　押さえておきたい社会人としてのマナー …… 7

第2章　コミュニケーションの基礎 ……………………………………… 11
1. 知っておきたい消防特有のコミュニケーション ……………………… 11
2. 「人は見た目で9割決まる！」 …………………………………………… 12
   - ワークシート1　チェックリスト　表情・態度 ……………………… 15
   - ワークシート1　言葉遣いの間違い探し ……………………………… 17

第3章　コミュニケーションの基礎2「言語表現」 ……………………… 19
1. コミュニケーションの構成要素 ………………………………………… 19
2. 「聴く」「伝える」ための手段「言語表現」～会話はキャッチボール～ …… 20
3. コミュニケーションは想像力と創造力……
   未来の目標がないと成り立たない ……………………………………… 20
   - ワークシート1　イメージしよう！
     会話はキャッチボール！ ……………………………………………… 22

第4章　コミュニケーションスキルアップ術 ……………………………… 25
1. 年代別の社会的背景とコミュニケーションの手法の変化 …………… 25
2. コミュニケーションのタブーを知る …………………………………… 26
   - ワークシート1　情報を的確にまとめる能力 ………………………… 28
3. 場の空気を読む？日本人独特の文化、『本音と建前』を知る(空気を創る！)…… 30
   - ワークシート1　こんなとき、あなたならどうする……？ ………… 32
4. 短時間でのコミュニケーションテクニック …………………………… 34
   - ワークシート1　あなたなら、どのような対応をしますか？ ……… 36

目次　1

第5章　クレームのコミュニケーション …… 39
1. クレームの質の変化を知る …… 39
2. 増加するモンスターペイシェントとゴネラー …… 40
3. クレーム対応の基本とテクニック …… 40
4. クレームにさせない！ …… 42
   - ワークシート　こんなとき、あなたならどうする？
     現場協力者からのクレーム …… 43

第6章　電話等のブラインドコミュニケーション …… 45
1. まずは確認！通報ではない「電話」のマナー …… 45
   - ワークシート　間違えやすい電話のOK&NG
     知っておきたい社会人としての「電話」のマナー …… 46
2. ブラインドコミュニケーションが最も難しい！ …… 48
   - ワークシート　一般的な電話マナー！これだけは知っておこう！ …… 50

第7章　職場内でのコミュニケーション …… 53
1. 職場内ルールは厳守！（社会人のマナー） …… 53
   - ワークシート　正しい言葉遣いは職場から！
     職場でも耳にする……間違いやすい敬語に注意！ …… 55
2. 他人は変えられない！職場内の不平不満が出る理由
   （指導と教育の違い） …… 57
3. 指導者の役割！（コミュニケーションは「ビジョン」ありき！） …… 58
   - ワークシート　ビジョンとゴールを設定しよう！！！ …… 60
4. 指導のためのコミュニケーションテクニック！
   ポジティブ・フィードバックとネガティブ・フィードバック …… 61
5. リーダーシップと仕切り屋の違い……聴く耳を持て！ …… 62
   - ワークシート　こんなとき、どう指導する……？
     困った後輩の指導の仕方 …… 64

第8章　現場活動のマネジメント……消防ならではの事情 …… 67
1. 安全確保のためのコミュニケーション …… 67
2. 現場活動をスムースにする！「対応術」！ …… 68
   - ワークシート　こんなとき、どう対応する？
     パニックを起こしている通報者 …… 71
   - ワークシート　こんなとき、どう対応する？
     黙っている傷病者 …… 72

第9章 コンプライアンスの重要性……
　　　　消防のあり方の変化（マスコミ対応） ………… 73
　ワークシート　出た電話が……マスコミだった！！！（その1） ……… 76
　ワークシート　出た電話が……マスコミだった！！！（その2） ……… 78

第10章　目指せ！コミュニケーションの達人！ ……… 81
おわりに ……………………………………………………… 85

そもそも、コミュニケーションって何だろう？ 第1章

「コミュニケーション」の意味を知る！

1　そもそも、コミュニケーションって何だろう？

「コミュニケーション」の意味を知る！

　最近は、「コミュニケーション」の重要性について考えられることが多くなってきました。しかし、「コミュニケーション＝接遇」といった誤解もまだ多くあるように見受けられます。消防職員といっても、消防・救助・救急・予防など、同じ組織でも全く環境の違った市民を相手にしなければならないわけですから、相手ごとの環境に応じて、全く違ったコミュニケーション能力が求められています。

　相手が何を望んでいるのか、相手に何を望むのか、それによって、コミュニケーションは大きく変わってきます。

　しかしその前に、そもそも、コミュニケーションって、何なのでしょう？

「コミュニケーション」という言葉を「日本語」にしたとき、皆さんはどういう意味で使っているのでしょうか？

カタカナ英語の落とし穴

辞書で調べると（出典：『大辞泉』、小学館）、
① 社会生活を営む人間が互いに意思や感情、思考を伝達し合うこと。言語・文字・身振りなどを媒介として行われる。
② 動物どうしの間で行われる、身振りや音声などによる情報伝達。

とあります。

「コミュニケーション」は、意思や情報を「伝達し合う」という意味を指しています。「伝達し合う」わけですから、これが一方的ではなく双方向であることも分かります。双方で情報の共有化がなされることを示す、これがコミュニケーションなのです。

最も誤解されやすい、「会話」や「人間関係」、「意思疎通」とは、全く違った意味であることを確認しておきましょう！

普段、何気なく使っているこんな簡単なカタカナ英語でさえ、正しい日本語で理解がなされていないことはよくあることです。「分かっているだろう」という思い込みから、情報の共有化はなされませんよね。また、カタカナ英語だけでなく、要救助者・傷病者にとっては、消防の専門用語も同じことが言えます。自分が分かっていても、相手が違う意味で捉えていたら、情報の共有化は図られませんよね！

また、言葉の誤解は、思わぬトラブルを招くことさえあることを、認識しておきましょう。

ワークシート ── 職場内でやってみよう！

普段、さり気ない職場内での会話で用いられる言葉。同僚の方達と同じ意味で使っているか、確認してみましょう！

まずは！ こんな簡単なカタカナ英語……日本語訳にすると？

1 「サービス」

あなたの答え
_____
_____
_____

決して、カタカナ英語だけの問題ではありません……。これ、どういう意味？

2 あなたは、「『接遇』の意味を教えてください！」と言われたら何と答えますか？

あなたの答え
_____
_____

傷病者に対して専門用語は理解不能です……。

3 あなたなら、「既往歴」を傷病者に聴く時、どのように言い換えますか？

あなたの答え
_____
_____
_____

ワークシートアドバイス！

1 「サービス」とは？

大きな意味では「奉仕」「仕える」とされています。「service」の語源は「servant（召使い）」、日本語でいう「家政婦」という意味から派生しています。要するに、自分ですることを人に代わってしてもらうこと。その「代わる」というものが、サービスなのです。

しかし、その「代わる」の誤解から、横柄な態度に出る市民も少なくありません。

2 接遇の意味

辞書によると、「もてなすこと。接待すること。」という意味が一般的です。接遇は、接客を主とするサービス業が使い始めたものです。消防は、接客業ではありませんよね。しかし、消防内で使われている接遇という意味は、世間一般で「社会人の常識」として言われている、「社会人としてのマナー（礼儀・礼儀作法）」のことを示しているようです。

3 「既往歴」を一般的な言い方にすると……

傷病者に対しては、「これまでかかった病気（過去のもの）」と言うのが分かりやすいでしょう。ただし、過去の病気と、「現病歴」は間違われやすいですから、注意しましょう！

2 消防職員の接遇とは？
～消防職員である前に、まずは社会人としてのマナーを身に付ける～

コミュニケーション以前の問題！

　近年、消防職員の接遇という言葉をよく耳にするようになりました。前のページのワークシートで接遇という意味の解答を確認されましたか？

　消防職員の間で口にする「接遇」とは、一般社会においては、社会人として当たり前に身に付けておかなければならない、いわゆる「ビジネスマナー」と同じ意味を示しています。消防職員である前に、皆さんは、一社会人です。社会に出る前には、当然に身に付けておかなければならないことで、特別なことではないことを認識しましょう。

なぜ、社会人のマナーが求められるのか

　生活を営むなかで、最も不愉快になるのが、マナーやモラル（道徳・倫理）に反することをされたときと言われています。学生であれば許されることでも、社会人では許されないことがあるのは当然です。社会人としてのマナーやモラルがない人とは、情報の共有化を図ろうとはしないのが当たり前です。相手の態度やふるまいに無礼だと感じれば、コミュニケーションの拒否は起こります。これでは、情報の共有化を図ることはできません。ですから、一般企業では新入社員に対して、無礼なふるまいをしないように、一定の社会人としてのマナーを教育しているのです。

社会人のマナーとは？

　一般的には、髪型、服装（身だしなみ）、言葉遣い（加えて、ビジネス文書、名刺の取扱い、電話の応対等も）などを示しています。

　これらは、社会に出る際に、誰もが当然に身に付けているものとされています。

　しかし、マナーは常識とともに時代で変化しますから、その時代に求められているマナーを身に付ける必要があります。

　社会では、これらの社会人のマナーやモラルがあって、初めてコミュニケーションを図る「準備」がなされます。

ワークシート ― ✔ チェックリスト
押さえておきたい社会人としてのマナー
まずは、社会人のマナーの基礎の基礎！「身だしなみを整えよう！」

男性編

服装
- ☐ 体型に合った清潔な制服であること
- ☐ 制服にシワがないこと
- ☐ 食べこぼしのシミが付いていないこと
- ☐ 胸のポケットにボールペン等が必要以上に入っていないこと
- ☐ ボタンをかけていること
- ☐ （業務上の支障がない限り）名札を胸の左側に見えるようにつけること
- ☐ ズボンのポケットが膨らんでしまうほど物を入れないこと

足元
- ☐ （職種による）清潔な靴であること（破れ・壊れのないもの）
- ☐ 靴下が清潔で汚れやほつれがないものを着用していること

髪
- ☐ 寝癖がないこと。整えてあること
- ☐ 髪は黒色（又は自然な色）であること
- ☐ 前髪・襟足を切ってあること
- ☐ きついパーマをかけていないこと
- ☐ フケが出ていないこと

顔	☐	ヒゲの剃り残しがないこと
	☐	鼻毛の手入れをしていること
	☐	仕事用の眼鏡を着用してること（レンズは理由が無い限り無色のみ。カラーコンタクトは厳禁）

手	☐	爪を切っていること
	☐	爪の中を清潔にしていること
	☐	業務にあった時計をしていること
	☐	指輪は必要以上にしないこと（結婚指輪のみ）

その他	☐	体臭や口臭の手入れをしていること
	☐	キツイにおいの整髪料・オーデコロン等をつけていないこと

女性編

服装	☐	体型に合った清潔な制服であること
	☐	制服にシワがないこと
	☐	食べこぼしのシミが付いていないこと

- □ 胸のポケットにボールペン等が必要以上に入っていないこと
- □ ボタンをかけていること
- □ （業務上の支障がない限り）名札を胸の左側に見えるようにつけること
- □ ユニフォームのポケットが膨らんでしまうほど物を入れないこと
- □ 下着の線が写ってしまわないこと

足元
- □ 清潔な黒系の靴であること（破れ・壊れのないもの）
- □ ストッキングが清潔で伝線していないものを着用していること

髪
- □ 寝癖がないこと。整えてあること
- □ 髪は黒色（又は自然な色）であること
- □ おでこや耳が出ていること（髪の毛をしっかり束ねていること）
- □ フケが出ていないこと

顔
- □ 内勤者は薄化粧をしていること（現場はこの限りではない）
- □ 鼻毛やまゆげの手入れをしていること
- □ 仕事用の眼鏡を着用してること（カラーコンタクトは厳禁）

手
- □ 爪を切っていること。マニュキア（ネイル）はしていないこと

- ☐ 爪の中を清潔にしていること
- ☐ 業務にあった時計をしていること
- ☐ 指輪は必要以上にしないこと（結婚指輪のみ）

その他
- ☐ 体臭や口臭の手入れをしていること
- ☐ キツイにおいの整髪料・オーデコロン等をつけていないこと

第2章 コミュニケーションの基礎

1 知っておきたい消防特有のコミュニケーション

　世の中には、数多くのコミュニケーションの手法が存在しています。ほとんどの手法には、「継続的なコミュニケーション」を成立させるためのノウハウがあります。しかし、消防におけるコミュニケーションは、一般的に求められているものとは違い、とても特殊な環境下に置かれていることを知っておかなければなりません。継続性を必要とする予防業務などの職種や、救命講習などが業務以外の主となる消防業務では、短時間でコミュニケーションを成立させ、終結しなくてはなりません。また、最終的には第三者（病院などのほかの組織）に引き渡すことで任務が完了されるなど、コミュニケーションの根本的な意味の「情報の共有化」を図るには、短時間で複数の人又は組織と情報の共有をしなければなりません。そして、消防におけるコミュニケーションの手法は通信指令を含め、無線や電話を通じた、目に見えない相手まで存在します。コミュニケーション技術のなかでも、このような環境下でのコミュニケーションは、非常に高い能力が必要とされます。特に、目に見えない相手とのコミュニケーションは、非常に難しいと言われています。ですから、その能力差によって、人命が左右されるおそれが出てしまいます。そして、情報社会の怖さの典型的パターンではありますが、現在、マスコミ報道が過剰になると、国民も過剰な不信を抱き、消防に接してくることが多くあり、トラブルが起こりやすいことも心得

ておきましょう。

　継続的なコミュニケーションとは違い、消防に求められる短時間のコミュニケーションは、高い伝達能力を必要とされていることも心得ておきましょう。

2　「人は見た目で9割決まる！」

　心理学者のメラビアンが、初対面の時のような場面では、人は人の「見た目」で、善し悪しを決めてしまうという、人が初対面で会ったときに受ける印象を決定付ける要素を分析した、「メラビアンの法則」というものがあります。これは、表情・態度が55％、声音（口調）が38％と非言語表現が大きく影響され、「何を話したか？」という話の内容（これを言語表現と言う。）は、初対面の状態で言語表現は、たった7％しか影響を与えないと言われています（グラフ）。この見た目の部分で相手拒否をしたら、それ以降、良好なコミュニケーションを図るためには、時間を要することになります。しかし、消防の現場では、時間を費やすことは困難です。まずは、「見た目」において受け入れてもらうことが必要です。

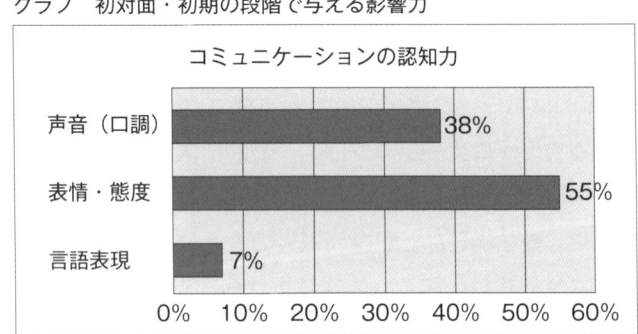

グラフ　初対面・初期の段階で与える影響力

コミュニケーションの認知力

声音（口調）	38%
表情・態度	55%
言語表現	7%

態度

　初対面や、まだ知り合って間もない状態のとき、人に好感度を与える大きな要因は、表情・態度と言われています。その「態度」の中に入るのが、先ほどの一般的な礼儀作法です。それは、ＴＰＯ（時・場所・場合）に応じた、髪型、服装、姿勢、しぐさなどが含まれ、これに伴った態度、例えば、必要に応じた適切なあいさつ、何を言っているかを聞く以前の「言葉遣い」も態度に含まれる要素の一つです。

もちろん、自らが名乗ってから相手の名前を聞くなどの当たり前の行為も、これらに含まれます。これが、一般的に言われる社会人のマナーで、人に影響を与える「態度」に含まれているのです。

ただし、多くの現場では、消防の制服を見ただけでも、市民は安堵を覚えます。それも見た目で判断していることです。多くの方が、「消防が来てくれた！」ということだけで受け入れてくれます。逆に、消防の中の職種の違いは、市民には全く関係ありません。救助だろうと救急だろうと、市民からすれば、「消防の人」です。それも、外見だけで「期待」していることと同じです。したがって、その期待が万が一裏切られたとき、大きな不満が起こってしまいます。だからこそ、社会人としての当然のマナーは身に付けておかなければなりません。

表情

態度と同じくらい相手に影響を与えるものは、顔の表情です。特に、目の表情が影響すると言われていて、まさに、「目は口ほどにものを言う」という諺どおりです。その目の表情を決めるのは、口角が上向きになっているか、下向きになっているかで変わります。口角を引き上げようとすると、目が大きく開いてきます。一般的には、「少し微笑んでいるくらい」とされています。要するに、顔の筋肉が上の方向に動いているかどうか、それによって、目の表情も変わります。

しかし、消防の現場のような緊急事態のときに、口角を上げすぎて微笑んでしまうような表情では問題ですが、口角が下を向きすぎて不機嫌そうな表情でも問題があります。微笑むのではなく、口角を少し上げ、目の表情をはっきりさせることで、相手に安心感を与えることができます。また、この口角の位置は、実は、次に説明する「声音」にも関係してきます。

声音

表情や態度の次に影響するのが、声音です。
これは、適切な声の大きさと、口調（スピード、滑舌）のことです。話の内容ではなく、

場に応じた適切な声量。これは、小さくても大きすぎても悪い印象を与えます。そして、相手がはっきり聞き取れるような口調。これも、早すぎても遅すぎてもNGです。

　実は、口角が下がっていると、声のトーンが低くなります。特に男性の場合は、声のトーンが低いままだと、声量が大きくても小さくても、怒っているような印象を与えてしまうことがあります。特に小児の傷病者の時には低すぎる声は要注意です。口角が下がってしまうだけで、声音によって相手に怖い印象を与えやすくなることを心得ておきましょう！

ワークシート ✓ チェックリスト

表情・態度
同僚の方にチェックしてもらおう!

1 こんなことありませんか? 職場の人に聞いてみましょう! 「自分ってどう見えています?」チェック!

- ☐ 学生のような軽い感じに見えると思う。
- ☐ 気が付くと、ポケットに手を入れていると思う。
- ☐ 腕を組むのがクセになっている。
- ☐ 貧乏ゆすりがクセになっている。
- ☐ 気が付くと姿勢が悪い。
- ☐ 怖いと勘違いされているように思う。
- ☐ 表情が硬いように思う。
- ☐ どんなときも笑っている(ヘラヘラした感じ)ように思う。
- ☐ 機嫌がいいのに、怒っているように見えるときがある。
- ☐ 頼りないなぁと思うことがある。
- ☐ 人の話を聞いているか分からないときがある。
- ☐ 相手の目を見て話すことが苦手
- ☐ エチケットで注意をしたくなることがある。
- ☐ 独特な雰囲気を崩さないだろうな……と思っている。
- ☐ 今まで言えなかったけど……髪型、直した方がいいと思う!

第2章 コミュニケーションの基礎

2　第三者に言ってみよう！　「率直なご意見をお聞かせください。」

_____
_____
_____

➕ ワークシートアドバイス！

　あなたが人からどう評価されているか、客観的に知っておくことは自分の武器になります。「あ、もしかして、またこう思われているのかもしれないな」と、自分が他人に与えてしまう評価を知っておくことで、工夫をすることができますよね！率直にどう思われているか、数人に評価してもらうと自分のためになりますよ！

ワークシート
言葉遣いの間違い探し

次の言葉遣いを正しい使い方に直してください。

問題1　「通報者はおられますか？」

あなたの答え
___

問題2　「状況についてお話してください。」

あなたの答え
___

問題3　（救助協力者の方に対して）「申し訳ございませんが、ご連絡先をお教えください。」

あなたの答え
___

ワークシートアドバイス！

問題1　「通報された方はいらっしゃいますか？」

　最も間違えやすい「おられる」を尊敬語に使ってしまうパターンの間違いです。通報してくださった方は、外部の協力者ですから、この場合は、尊敬語を使うことがふさわしいです。「おる」の尊敬語は、「いらっしゃる」です。通報者よりも「通報された方」とするほうが丁寧です。

問題2　「状況についてお話ください。」

　問題にある「して」は命令語になります。「～ください」には、こうして欲しいという要求が含まれる言葉ですので、「お話ください」が正しい丁寧な言葉遣いになります。

問題3　「恐れ入りますが、ご連絡先を教えてください。」又は「差し支えなければ、ご連絡先を教えてください。」

　「申し訳ございません」はこちらに非があるときや相手を拒否するときに使う言葉です。協力を求める「依頼」の際には、ご面倒をお掛けするという意味をもって、「恐れ入ります」という言葉を使うか、又は、「差し支えなければ」という言葉を使うことが一般的です。

第3章 コミュニケーションの基礎2「言語表現」

1 コミュニケーションの構成要素

　コミュニケーションには「伝える」「聴く」「表現する」の三つの要素があります。ここで気付いていただきたいことは、「話す」のではなく「伝える」こと。どんなに話し上手な人でも相手に正確に伝えられないのでは全く意味がありません。逆に、口下手な人でも的確に情報を伝えることができていれば、コミュニケーションスキルは高いと言えます。話し上手な人は一度に相手に与える情報量が多すぎることがあり、相手が受け取りきれないことが多々あります。これでは、「伝わった」とは言えず、ただ話したことになってしまいます。また、「聴く」ことも、高いコミュニケーション能力が必要です。相手の伝えたい情報を、しっかり聴きとれることにより、初めて相手との情報の共有化が成り立ちます。この「伝える」「聴く」に必要不可欠なのが、「それを『表現する』」という能力です。どれが欠けていても、コミュニケーションは成立しません。
　この「伝える」「聴く」「表現する」の三つができれば、短時間でも思ったようなコミュニケーションを図ることが可能となります。

2 「聴く」「伝える」ための手段「言語表現」
～会話はキャッチボール～

　伝えるための手段である「言語表現」は、「会話」という手段を用いてコミュニケーションを図ります。コミュニケーションの世界では、会話を「キャッチボール」にたとえます。しかし、ここでのキャッチボールとは、ただ「言葉」を互いに「やり取り」することを示しているのではありません。ただの言葉のやり取りだと思っていると、それが大きな落とし穴になってしまいます。まずは、相手と情報の共有化を図るという同じ目的が必要となります。そして、相手のレベルに合わせた「言葉」を選べること。それが、コミュニケーションの「伝えるスキル」であり、言語表現です。

　相手が受け入れているか、こちらの意に反したことが、相手の言葉から出ていないか？会話のポイントは、そのようなキャッチボールができるか否かでしかありません。ワークシートで会話のキャッチボールのイメージをつかんでおきましょう！

会話を通じた「良いコミュニケーションを図るポイント」

① コミュニケーションが円滑に図られる環境を演出する。
② 相手が置かれている状況を把握する。
③ 相手のレベルを客観的に判断する。
④ 潜在的な要求と欲求を顕在化させる。

　これは一体、どういう事を示しているのでしょう？詳しくは、ワークシートで解説します！

3 コミュニケーションは想像力と創造力……未来の目標がないと成り立たない

　そもそも、互いに情報の共有化を図るためには、「目的」がなくてはなりません。コミュニケーションのミスが起こる最も大きな理由は、「何のために」という「目的」がハッキリ

していないことにあります。なぜ、その情報を共有しなければならないのかという目的が明確でなければ、コミュニケーションは成立しません。会話というキャッチボールにおいても同じです。なぜ、キャッチボールをする必要があるか？目的のないキャッチボールは腕も上達せず、つまらなくなるだけですよね。

　消防の業務に置き換えてみると、119番の通報者から「火事か救急か」という大きな目的を知らせてもらうことから、通報者とのコミュニケーションが始まります。

　通報者から「火事」という情報提供がなされ、その情報を共有し、通報者の目的を解決するために、通信指令は必要に応じた的確な指示（出動命令）を出し、その結果を通報者に伝え、通報者にも必要に応じた指示を出し、通報者はその指示に従います。

　とても簡単な例え話ではありますが、目的が明確にされていて、その目的に対して「情報の共有化が必要だ」と互いに認識されていれば、コミュニケーションは常に成立します。逆に言えば、目的が明確でなければ、コミュニケーションは継続されません。身近なところで言えば、例えば「結婚」と「離婚」です。未来への目標や目的を共有しているか、又は、未来への目標と目的を失うか……。未来に向けた目標がなくなると、情報の共有化が継続されなくなります。短時間の現場であれば、「救助・救命」という大きな目的を達成されればそれで要救助者とのコミュニケーションは終了しますが、しかし、職場や継続したコミュニケーションを必要とする場合には、未来に向けた具体的目標がないと、円滑な情報の共有化は困難となるのです。

第3章　コミュニケーションの基礎2「言語表現」

ワークシート ── イメージしよう！
会話はキャッチボール！

あなたは、5歳の男の子に「キャッチボールをしよう！」と提案し、同意を得ました。キャッチボールをする「相手」は5歳の男の子です。自分の考えを書いてください。

■　まず、どんなボールから選びますか？軟球？硬球？カラーボール？
_____
_____

■　なぜ、それを選びましたか？
_____
_____

■　では、どれくらいの距離を取りますか？あなたから見て近い？遠い？ちょうどいい？
_____
_____

■　なぜ、その距離にしたのですか？
_____
_____

■　あなたは、男の子にどのような「投げ方」をしますか？上投げ？下投げ？全力投球？
_____
_____

■ では、男の子がそのボールを取れたとします。そして、男の子が投げ返そうとしたら、上手に投げることができませんでした。このとき、あなたは、そのボールを拾いますか？それともやめますか？

_____
_____

■ それは、なぜですか？
_____
_____

■ しばらく続けてみると、男の子が上手になってきました。あなたならどのような工夫をしますか？
_____
_____

■ なぜ、そのような工夫をしましたか？
_____
_____

＋ワークシートアドバイス！

　一般的な答えとしては、相手のレベルを考慮したうえで、カラーボールを選択し、自分にとっては近い距離から相手が取りやすいようにゆっくりと下投げで、工夫をすると思います。また相手が上手に投げられなかったら、少し距離を縮めたり、投げ方を教えてあげたりという工夫をし、相手が上手になったら、距離を広げたり、また、少し強く投げてみたりといった、キャッチボールがもっと上手になるための工夫をすると思います。

　これが、先に述べた「良いコミュニケーションを図るポイント」なのです。

　皆さん、普段の自分の言動を思い出してください。相手に合わせたキャッチボールをされていますか？相手のレベルはお構いなしに、自分の力の限りの剛速球……、投げていませんか？もし、そんな球が自分に向かって来てしまったら、相手とのキャッチボールは辛いだけですよね。

第3章　コミュニケーションの基礎2「言語表現」

コミュニケーションスキルアップ術　第4章

1　年代別の社会的背景とコミュニケーションの手法の変化

　現代社会のコミュニケーションの手段には年代別に大きな変化が見られます。若い世代を中心に現代社会のコミュニケーションの手段としては、パソコンや携帯によるデジタル媒体でのメールなどを使った情報伝達が多く選ばれています。年代別にコミュニケーションを取る手段は、対面から電話へ、電話からデジタルへ移行していく中で、それが人と人とが対面してのコミュニケーションに影響を及ぼしているとも考えられています。アナログ世代は想像力がとても豊かで、ラジオを聴いて、声優の声からその情景を想像したり、テレビにしても録画する手段がなかったため、自分の想像力を用いて、懸命にテレビヒーローのまねをしなければならなかった世代です。しかし、経済社会の発展とともに、デジタル化が普及し始め、録画機能ができ上がり、パソコンで何でも手軽に時間・空間を問わず視覚から情報が入る時代になり、想像する必要がなくなった社会環境になったと言えます。

　コミュニケーションは、高い想像力が必要とされていて、相手の立場に立って考えられるかどうかが最も重要な鍵となります。顔と顔を合わせることになれば、相手の状況も考え、それ相当の用意も必要であり、相手に合わせることを考えますが、現在の社会環境は、「相手の状況はお構いなし」で情報発信がなされるようになりました。また「待つ」という時間

がとても少なくなりつつあり、すぐに結果を求める人が多くなっています。幼少のころから想像する手段がなければ、その想像するという基礎ができていないわけですから、「言われていることすら分からない」なんていうことも起こり得ます。よくあることとして指示をしたことはキッチリ守れるが、指示をしないと何もできない人も増えています。自分の行動の結果が未来にどう影響するかを想像できないゆえに、指示以外には行動できなくなると考えられます。ただし、個人的な問題ではなく、社会的背景の変化の影響によるものですから、「想像ができていない」と感じれば、相手に合わせた表現を用いて情報の共有化を図るように心掛けましょう。

2　コミュニケーションのタブーを知る

　先に述べたとおり、コミュニケーションの手法には年代別に大きな変化がありますが、しかし、間違えてはいけないのは、決して、「言語表現」の上手い・下手ということだけが、コミュニケーションを評価するものではありません。コミュニケーションには、情報を的確にまとめ、聴く能力も伝える能力と同様に必要とされています。話し上手な人がコミュニケーション上手と言うのは大間違いです。話をすることが苦手だとしても、情報を的確にまとめる能力の方が、むしろ、特に現場活動では重要とされるコミュニケーション能力とも言えるでしょう。

　伝えるだけでなく、聴く能力も想像力が必要不可欠。相手が伝えたい情報をしっかりまとめ、伝える。自分の伝えたい情報もしっかりまとめて伝える。これがあって、初めて適切な情報の共有化が図られることになります。

**あなたは大丈夫？気をつけて！
コミュニケーションのタブー**

　　・**話しすぎる……（聴く耳がない。）**
　　　→自分が一方的に話すだけでなく、相手が伝えたいこともしっかり聴く。
　　　　相手の伝えたいことを聴き取ることも「コミュニケーション能力」です。

- 情報を与えすぎる……（与える情報量が多すぎる。）
  → 必要以上の情報は相手を混乱させる原因になります。情報を一つひとつ受け取ってもらったことを確認してから次の情報を提供しましょう！
- 断定してしまう……（自分の物差しだけで決めてしまう。）
  → 先輩後輩間でよくあることですが、相手を無理やり納得させてしまうことで、いわゆる、パワーハラスメントと取られることもあります。
- 相手を軽視する……（上から目線で物を言う。）
  →「お前じゃまだ無理だから」といったような、個人的な主観を入れて相手を軽く見たり、否定してしまうことで、これもパワーハラスメントと取られることもあります。

　話し上手＝コミュニケーション能力が高いわけではありません。話の上手な方に多く見られるのは、話しすぎる＝情報量が多すぎる、という点にあります。情報量が多いのが悪いわけではなく、相手が情報の整理ができないうちに新たな情報提供がなされてしまうことに問題があります。一つの情報すら受け取れていない段階で新たな情報提供がなされてしまうと、相手は「情報の上書き保存」をしてしまい、情報の整理をつけられなくなりやすいのです。ですから、話し上手だと思っていても、実はコミュニケーションのタブーに触れていることも多くあります。

　話すのではなく、あくまでも「伝える」ことであり、伝えるだけでなく「聴く」ことができなければ、情報の共有化は成立しません。

　特に、現場活動では個人の「思い込み」（一方的な情報提供）によるコミュニケーションエラーは、活動に支障をきたすことにもなりかねませんから、日ごろから、コミュニケーションのタブーに触れてしまわないように心掛けておきましょう！

第4章　コミュニケーションスキルアップ術

ワークシート －情報を的確にまとめる能力

何が必要な「情報ですか？」
どれが必要か選んでみましょう。

通報内容　8月10日　気温　35℃　通報入電時刻　15時10分
通報者　52歳、男性
主訴：「急に腹が痛くなったので来て欲しい。」

* ソファーに右側臥位で横になっている。
* ギュウッと絞られるような痛みがある。
* 胃の辺りが痛い。
* 3時間ほど前に昼食で鯖を食べた。
* 毎晩、焼酎を飲む。
* 昨晩は酒を飲んでいない。
* 昼食後1時間くらいして痛み出した。
* 動悸がする。
* 左の肩甲骨あたりに痺れたような感じもする。
* 高血圧と高脂血症がある。
* 塗装業の作業員である。
* 先ほどまで4時間ほど、かなり暑い場所で仕事をしていた。
* 嘔気があるが、嘔吐はしていない。
* 日ごろの血圧は130/90mmHg程度である。
* 昔は野球部でエースだったので体力には自信がある。
* 奥さんは料理が上手いので食べ過ぎてしまう。
* 3日前から風邪気味だったので市販の風邪薬を飲んでいた。
* 息切れがする。
* 今朝から下痢をしている。
* 高血圧の薬は時々飲むのを忘れる。
* 3年前から糖尿病でも治療中。
* 半年前に血を吐いて入院したことがある。

➕ ワークシートアドバイス！

　傷病者は様々な情報を提供してきます。この例は何が最も重要な情報であるか、伝える順番を間違えてしまうと、疑うべき疾病を間違えてしまうケースです。現場活動においては、伝えられる情報だけでなく、周囲環境も含めた情報収集も必要となります。

　ただし、すべての情報を第三者（搬送先・隊員・ほかのチーム）に伝えることは不要であり、搬送や救助業務に必要な情報だけをまとめ、伝える必要があります。

　文字で読むと情報の判断はしやすいですが、現実はこれらの情報を聴き取っているわけですから、搬送に必要な情報であるか否かを判断し聴き取った情報を的確にまとめ第三者に伝えなければなりません。必要な情報を的確にまとめ、第三者に伝えることは簡単そうで実はとても難しいことでもあります。

　聴き取った情報をまとめる能力もコミュニケーションには必要な能力です。

　日ごろから情報をまとめ的確に伝える訓練も行いましょう。

職場内でやってみよう！
【準備するもの】
傷病者役　1名　最終報告者1名　シナリオシート

【訓練の方法】
・3名1組（現場隊員役・通信指令役・病院受け入れ役）のグループを三つ作ります。
・傷病者役はシナリオに書かれた情報を淡々（演技は必要ありません）と順番に伝えます。
・傷病者から聴き取る時間は3分以内、2人目以降は1分以内に伝えます。
・傷病者→隊員役→通信指令役→病院受け入れ役
・グループの最終聞き取り者（受け入れ役）が最終報告者1名に伝えます。

　最初に伝えた情報が、最終者には伝わっていなかったり情報が途中で変わっていたりしていませんか？必要か不要かの情報はほかのチームと同じでしたか？

　伝達ではなく「伝言ゲーム」にならないよう、日ごろから、職場内で「聴く」「伝える」コミュニケーションの訓練をしておきましょう！

＊　シナリオシートの内容を変えれば、火災現場・救助現場にも変更できます。
　　職場内で自由にシナリオシートを作って訓練してください！

3 場の空気を読む？日本人独特の文化、『本音と建前』を知る（空気を創る！）

「会話を通じた「良いコミュニケーションを図るポイント」」（P.20参照）を思い出してください。

① コミュニケーションが円滑に図られる環境を演出する。
② 相手が置かれている状況を把握する。
③ 相手のレベルを客観的に判断する。
④ 潜在的な要求と欲求を顕在化させる。

この④は、日本人特有の文化であると言われています。

簡単に言うと「本音と建前」。表面上で言っていることと実は心の中で思っていることが違うことを表向きは「隠す」という文化です。欧米ではストレートに意見を述べますが、日本人は、「場」の「雰囲気」を非常に大切にするとも言われています。これは、どんな人でもあることだとは思いますが、その場で見栄を張ったり、心の中では反対のことを思っていても、その場では相手に同意してしまうような言葉を返すことがあることを示しています。救急隊の方なら経験があるかもしれませんが、傷病者が自分に言った情報と、病院の先生に話す情報が全然違ったという経験はありませんか？これは、傷病者は潜在的なところで、「何か違う要求」があったにもかかわらず、救急隊には本音を伝えず、病院の医師に会ったときに、初めて心の中の「本当の要求」が顕在化されたという典型的事例です。しかし、このようなことは、相手と適切な会話のキャッチボールができていないからこそ起きることなのです。

相手の変化を見逃さない……

「口にしない雰囲気を察してくれ」というのが「場の空気を読む」ことと言われています。特に、予防課の査察業務などではこれらが顕著に現れるかもしれませんが、相手の表情や態度、声のトーンに変化が起きていないかを見逃さないこと、これが、相手の潜在的意識を知るきっかけになります。

もしも、本音の部分で「隠したい」という意識が

ある内容の場合は、本音の部分を「指摘」してしまうのではなく、相手から本音を話せるような「場の空気を創り出す」ことがとても重要になります。

　場の空気を創る力とは、相手の潜在的な「思い」をさり気なくくみ取ることでもあり、また「相手の疑問・不安」に気付くことです。それも「想像力」です。想像できないものは、創造することはできません。相手が感じていることや、思っていることを想像するからこそ、表現する方法を決めることができます。そして、さらに必要なのは「洞察力」です。単純なキャッチボールで「伝えたつもり」になるのではなく、相手の表情や態度、声音に変化が起きたら、そのサインを見逃さずに会話のキャッチボールに工夫をして、相手が本当の「要求」を表現できるような環境を演出し、円滑なコミュニケーションを図りましょう。

ワークシート
こんなとき、あなたならどうする……？

　救急指令から5分で現場到着しました。現在の時刻は深夜で、現場は一般住宅街です。
　自己紹介をして通報者の確認を行いました。
　しかし、通報者はなぜか怒り口調です……。
　対面時、はじめの一言が「あれだけお願いしたのに！」と言われました。
　あなたなら、それに対して、どのような返事をしますか？

あなたの答え

_____

_____

＋ワークシートアドバイス！

　「あれだけお願いしたのに！」ということは、すでに「過去」の事実に対して、現状が違っていた、ということになります。通報者は、消防組織内を理解しているわけではありませんから、通信指令＝現場の人であるわけです。

　この場合の過去の事実として、通報者は「通信指令」としか接していないことが分かりますし、また状況下から、現場到着しか何も活動をしていない状態ですから、この場合であれば、「恐れ入ります。確認させていただきたいのですが、通報時に何か特別な要請をいただいたのでしょうか？」と率直に聞くのが最も有効的と考えられます。

　ここでのポイントは、組織内の連絡ミスがあったわけですから、返事をする際には「クッション言葉」を入れて相手に対しての敬意を表す表現を使うと有効的です。相手に対し、「お手数をお掛けしてすみません……」という気持ちが込められる言葉の使い方です。スムーズなコミュニケーションを図るためにも、クッション言葉の使い方を身に付けておくと、トラブル回避に役立つことが多くあります。

【参考】クッション言葉

頼みごとをするとき…「恐れ入りますが、……」「お手数ですが、……」
勧めるとき……………「もしよろしければ……」
断るとき………………「あいにくではございますが……」
　　　　　　　　　　「せっかくでございますが……」「大変心苦しいのですが……」
確認するとき…………「失礼ですが……」「大変恐縮ですが……」
意見するとき…………「差し出がましいようではございますが……」「勝手を申しまして
　　　　　　　　　　恐縮ですが……」

コミュニケーションテクニックポイント

　例えば……通報者が対面時からすでに怒っている場合……。
　この場合、大きくは三通りの原因が考えられます。
　① 到着が予想よりも遅い。
　② 通報時に不満を感じている。
　③ 現場周囲の環境の問題

　通報者・要救助者の「はじめの一言を聞き逃さないこと」、ここが大切です。

　潜在意識の顕在化は、はじめの一言の、言葉・表情・態度・声に最も出やすいことが多いです。

　上記のような「怒っている」場合に限らず、対面してすぐの場合は、潜在意識が顕在化されやすいことが多いので、活動における作業の最も重要なタイミングではありますが、対面時の相手の状況をしっかり見ておくこと……。その後、時間の経過につれ変化が起きることがありますが、対面時の相手の反応を見逃さない。ここ、とても大切な所です！

第4章　コミュニケーションスキルアップ術　33

4 短時間でのコミュニケーションテクニック

　火災・救助・救急のいずれの現場においても、消防職員ならではの特異性があるコミュニケーションが必要となる場合があります。特異性については後ほど詳しく述べていきますが、基本的に、現場活動においては、短時間で要救助者と情報の共有化をしなければなりません。そこで、会話においても、短時間で終わらせるためのテクニックが必要となります。特に要救助者の状態・状況によっては、必要な情報を聴きだすための会話術によって、短時間で必要な情報提供をしてもらえるかどうかが決まってきます。比較的時間に余裕がある場合と、そうではない緊急事態とでは、全く違う会話術を使い分ける必要があります。ただし、短時間でのコミュニケーションを完結させるためには、言語表現だけのテクニックだけでなく、その言語表現に合わせた、表情、態度の非言語表現が伴わなくてはなりません。ときには、傷病者からの情報提供の拒否をしなければならない場面もあります。

　現場活動においては、そのつもり……はなくても、初対面の人たちから誤解を招きやすいことも多くありますので、表情・態度・声音の非言語表現と言語表現の組み合わせが合致して、初めて、短時間のコミュニケーションが成立するという認識が必要となります。

■　**相手が自由に答えられる質問の方法**
　　（詳細な情報を得る必要がある場合に有効的な会話の手段）
（質問方法の一例）
「どうされたか教えていただけますか？」
「どのような具合ですか？」
「状況を詳しくお話いただけますか？」

■　**一つの焦点に関し相手が自由に答えられる質問の方法**
　　（必要な情報について詳しく知りたい場合に有効な会話の手段）
（質問方法の一例）
「××についての心当たりはありますか？」
「そのことについて、もう少し詳しく聞かせてください。」

■　**相手に話を促す質問の方法**
　　（必要な情報の核心を得たい場合等に有効な会話の手段）
（質問方法の一例）
「……といいますとどのようなことでしょうか？」
「それからどうなりましたか？」

■　相手が「はい」「いいえ」だけで答えられる質問の方法
　　（相手の容態・状況において話をさせずに必要な情報を得る場合に有効な手段）
（質問方法の一例）
「頭痛がしますか？」
「吐き気がしますか？」

■　なかなか要領を得ない相手の場合に使う質問の方法
　　（特に高齢者や興奮している相手などには有効な手段）
（質問方法の一例）
「右ですか？左ですか？それとも真ん中ですか？」
「差し込む感じですか？鈍い感じですか？ムカムカした感じですか？」

ワークシート
あなたなら、どのような対応をしますか？

軽症事例：やたらしゃべり過ぎる傷病者編
通報者　65歳、女性
主訴：腹痛　所見：軽症　一人暮らし

　あなたは救急現場に出ています。傷病者から必要な情報が得たいのですが……、傷病者が、あなたを見て「うちの息子と同じ年くらいねぇ……。」と言ったことに対し、あなたは、「息子さんがいらっしゃるのですか？」と聞いたところ、救急活動には一切関係のない、独立して別居中の息子の自慢話が始まってしまいました……。

　傷病者の女性は、一向に、息子さんの話をやめる気配がありません。

　そんなとき、あなたなら……どのようにその話の中断を促しますか？

　また、どのように必要な情報を提供するように促しますか？

あなたの答え
_____
_____
_____

＋ワークシートアドバイス！

　軽症の傷病者には、救急業務に不要な情報の提供が多くなされる場合があります。その場合、急激に会話の拒否をしてしまうと、本当に必要な情報の提供をしてもらえなくなってしまいますので、このような場合は、相手の情報提供を一時的に受け入れながらも、必要な情報提供をしてもらえるように、会話を必要な情報へと導きます。

　「ご立派な息子さんですね（素敵な息子さんですね。）。ところで、○○さん、通報されたときの痛みと、現在の痛みに変化はありますか？」

（「はい」と答えたら、即座に……）「どのような痛みに変わりましたか？」

（「いいえ」と答えたら、即座に……）「通報時は差し込むような痛みと聞いていますが、今も差し込む痛みが続きますか？」

と、相手が必要な情報を答えやすいように会話を促します。ここでのポイントは、不要な情報を受け入れた後に、あえて、相手の名前を呼ぶことにあります。

名前を指定されると、相手が聞く体制を取りやすくなります。覚えておくと便利ですよ！

第5章 クレームのコミュニケーション

1　クレームの質の変化を知る

　最近、よく耳にする言葉があります。「モンスターペアレント」「モンスターペーシェント」。学校や病院に対し、自己中心的で理不尽な要求を繰り返す保護者や患者を意味する和製英語ですが、これは決して、特定の人たちだけに起こっている現象ではないと言われています。一般社会でも、「クレーマー」と呼ばれる顧客が急増している傾向にあります。クレームの中には、完全に「犯罪」とされる脅迫・恐喝ともとれる内容が多くなっていて、企業の中には、クレームの専門処理を行う部署が存在していることも多くあります。近年のクレームは増加傾向にあり、これは、「情報化社会」による情報の混乱がその一つの要因と考えられています。「マスコミの過剰報道による情報にも影響されている。」と指摘している専門家もいます。「モンスター」まではいかないとしても、現在は、個人が主張を行う時代です。少しでも不安を感じたり腑に落ちないことがあれば、それを主張する傾向にあり、組織としての説明責任を要求する個人も増加しています。

　しかし、一度、このような現象が起こってしまうと、なかなか収拾がつかないことも事実で、「これらの対策を、組織として考えておかなくてはならない時代が来た。」と認識するべきだと言えます。情報化社会の「風評」を逆手にクレームは増加しますから、特にマスコミで消防の活躍が大きく取り上げられる時代だからこそ、さらに注意が必要になったと考えるべきでしょう。

2　増加するモンスターペーシェントとゴネラー

　先に述べた「モンスター」や「クレーマー」と呼ばれる人たちのクレームは、犯罪性の見られる場合が含まれています。脅迫や恐喝、暴力に発展するおそれがある場合には、その場での処理を避けることが最も賢明です。下手に対応してしまえば、その弱みに付け込まれ、更なる要求をしてくることが多くあります。その場合には、警察・弁護士を通じて対応するべきことで、決して一個人で解決しようとしてはなりません。現在は、クレームの質が変わってきていることを十分に認識し、相手の要求に犯罪性が見られる場合には、どんなに脅されても、しかるべきプロの組織に任せる対応を考えておかなければなりません。クレームの処理方法については、後ほど述べますが、「まずは謝る……」というのは大間違いです。特に口調の荒い方に対しては、とにかく謝ってしまいたくなりますが、初めに謝ってしまったことが、後々、大変なことにもなりかねないので、クレーム対応のコミュニケーションスキルも十分に身に付けておきましょう。

　また、救急車の不適切利用でも問題となっていますが、個人の「主張」をすることで自分が優先的になるために「ゴネる」人も増加の傾向にあります。「面倒だから」その場をやり過ごしてしまうことで、「ゴネラー」と呼ばれる人たちはさらに味をしめて、さらにゴネてくることがあります。犯罪性が無い限りは、適切な応対の仕方で解決できるように、クレームに対するコミュニケーション術も身に付けておきましょう！

3　クレーム対応の基本とテクニック

まずは謝る？！

　これは絶対に NG です。まずは、クレームとなった原因をよく理解することです。
　*　相手がクレーマーだった場合、「すみません」の一言に付け込まれる場合があります。

まずはクレームの原因がどこにあるか認識する。
　クレーム＝潜在的なニーズに対する要求である場合が多い。
　潜在的な要求は感情の問題であることも多いので相手が何に対して不満があるか、よく聴き取りましょう。
　クレームの原因となった要因を冷静に一つひとつ確認しながら対応しましょう！

【受け答え例】
「大変恐れ入りますが、そのときの状況を私に教えていただけますか？」
　いつ……………「何月何日のことでしょうか？」
　どこで…………「どこで起きたことでしょうか……？（どこの現場？）」
　誰が……………「職員の名前にご記憶はありますか？」
　なぜ……………「なぜ、そのようになったのか、差し支えなければ私に教えていただけますか？」
　何を……………「（相手が望んだ場合は）改めて上司からご連絡させていただきます。」
　どのようにして…クレームに対してどのような解決を望んでいるかを聞く。
　＊　組織として非が認められる内容であると判断できたときに「お詫び」をする。
　＊　組織として改善につながる内容であれば情報を提供してくれたことに「お礼」を言う。

　相手が述べた内容をしっかりまとめて、間違いがないか、最終的な確認を忘れてはいけません。クレームをしてくるときは、相手は感情的になっていることが多いですから、客観的に対応することで、相手も冷静になっていきます。まずは、相手の話を聴く姿勢を取ることが大切です。
　そして、そのクレーム内容を聴いて、「組織として謝る」必要があれば、しっかり謝ることが大切です。例えば、「○○に関しては、当方に問題があることだと感じます。大変、不愉快な思いをもたれたことと存じます。申し訳ございません。」等、客観的に見て、明らかに非がある場合には、組織の代表としてお詫びを言うことです。また、相手の望んでいる解決方法で可能な限り改善することを約束してください。
　また、クレームを処理するためのコミュニケーション能力は、「聴く表現力」が求められます。客観的に対応することはとても大切なことですが、「機械的」な受け答えでは、相手を更に感情的にさせる原因にもなりかねません。相手が与えてきた情報に対して、しっかり聴く耳をもつこと、相手が何を要求しているのか、その要求は何の情報によるものなのか、

これらを聴き出せることが「聴く表現力」です。

　先に述べたとおり、現在の情報化社会の中では、相手は、何らかの情報をもって、クレームを言ってくることが多くあります。それは、ときには間違った情報であったり、組織にとって対応しされないことが含まれている場合がありますが、そういったケースでも、クレームの元になった原因を知ることは、組織にとっては良きアドバイスになることがあります。組織の改善につながる内容にはしっかりお礼を述べることも忘れずに。クレームに苦手意識をもたないで対応すること。これが、クレーム処理における大切な要素です。

4　クレームにさせない！

　予想外の事が起きてしまってクレームが出てしまうことと、普段、何気ない職員の行動からクレームになるのでは、意味が全く違ってきます。予想できないことのクレームは適切に処理することで、大きな問題は回避されますが、むしろ、何気ない職員の行動からのクレームの方が、後々、大きな問題となることが多くあります。最近では、個人の思い込みから大きな問題に発展してしまうケースも見受けられます。クレームは防ぐことができるのですから、普段の活動から、円滑なコミュニケーションスキルを身に付けておくことで、クレームにさせない……。これが一番のクレーム処理の方法につながります。

ワークシート —こんなとき、あなたならどうする？
現場協力者からのクレーム

　ある救急現場です。一人暮らしのご高齢者からの通報で現場到着したときに、お隣に住む方が、「どうされましたか？」と、救急活動中の隊員のあなたに声を掛けてきました。

　あなたは、思わず「個人のプライバシーに関わることなのでお答えできません。」と言ってしまったことが、後々、署にクレームとして入ってしまいました……。

　そこで、質問です。

　なぜ、隣人の方からクレームが入ってしまったのでしょうか？

　協力を断るとしても、あなたなら、どのような断り方をしますか？

あなたの答え
_____
_____

✚ ワークシートアドバイス！

　この場合、隣人の方は通報者を心配して「善意」で協力しようとして救急隊に声を掛けてきたと考えられます。相手は傷病者を思って親切心で声を掛けてきてくれたと考えられるわけですから、即座に拒否してしまうのではなく、まずは、その協力をしようと思った親切心にお礼を述べてから、「必要な時には協力をお願いします。」という、相手に敬意を表すことで、クレームにはなりにくいです。相手の本音は「協力したい」わけですから……。どのような現場活動においても、善意の協力者に遭遇する場合が多くあります。

　協力者は、現場活動では重要な人たちです。その場で拒否をしないように心掛けましょう。

【回答例】
　「ご心配（ご協力）ありがとうございます、もしかしたら、後ほど、お話を聞かせていた

第5章　クレームのコミュニケーション

だくかもしれません。」又は「ご協力ありがとうございます。もしかしたら、お手伝いいただくことがあるかもしれません。そのときはご協力お願いします。」
等、まずは、協力をしたいという善意に対してのお礼を述べ、「必要な時に声を掛けさせてもらいますね……。」と、相手を協力者として認めることが大切です。

現場活動中は、相手が善意のつもりでも、時には、活動の妨害になる場合も有り得ることですが、前提は、消防の協力者であることを忘れずに……。

第6章 電話等のブラインドコミュニケーション

1 まずは確認！通報ではない「電話」のマナー

　消防業務においては、119番通報の通信指令以外でも市民と電話でコミュニケーションを取らなければならないことが多くあります。現場活動終了後においても、後で情報の確認をさせてもらうために、「電話」を通じて、コミュニケーションを取らなくてはならない場合が多く存在しています。「電話」においても、社会人としてのマナーが求められていて、対面とは違って、相手が見えませんから、なおさら、声の表現方法や正しい受け答えは適切なコミュニケーションを図るためには重要な要素となります。最近では、携帯電話に連絡をすることも一般的となりました。そこで新たに携帯電話のマナーも存在しています。活動後においては、相手の心理面に変化がありますから、一般的な「電話のマナー」を身に付けることで、見えない相手とも円滑にコミュニケーションを図れるようになりましょう。

ワークシート ―間違えやすい電話のOK&NG
知っておきたい社会人としての「電話」のマナー

やってしまいがちな……NGワード。
例えば……火災調査後、個人の携帯電話に連絡をする場合です。
あなた「○○消防署の××です。先日は長時間ご苦労様でした。」
この表現には間違いがあります。どの表現が間違っているのでしょうか？また、携帯に電話するとき、あなたなら、どのようなことに留意しますか？

あなたの答え

_____

_____

_____

ワークシートアドバイス！

　職場内でもよく見られることなのですが……目上の方や組織外の方に「ご苦労様です」は、間違った敬語の使い方です。「ご苦労様」は、目上の人が、目下の人に使う表現です。
　そして、固定電話では、先に名乗るのがマナーとされていますが、携帯電話の場合には、必ず、本人であるかどうかの確認が優先されます。本人確認をしてから、自分の名を名乗ります（プライバシーの問題と言われています。）。また、携帯電話の場合には、必ず、**「今、お話しても大丈夫ですか？」の確認をする**ことも、マナーとされています。
　この場合、「○○さんの携帯でしょうか？　○○消防署の××です。今、お電話、大丈夫でしょうか？」（相手の返事があったら……）「先日は長時間、お疲れ様でございました。」と切り出すのが適切な表現です。組織外の人には、年齢や関係にかかわらず、正しい敬語を使うことは、適切なコミュニケーションには必須です。特に、対面していない電話でのコミュニケーションでは、声の表現としての敬語の使い方は相手に影響を及ぼします。
　災害等の緊急事態でない場合には、社会人としてのマナーが問われることになりますので、一般的な電話のマナーを身に付けておくことも大切です。

一般的な電話対応のポイント

　相手の顔が見えない状態で応対しなければならない電話のコミュニケーションは、相手の年齢や職業、役職等はなかなか察することができません。相手がどのような人であっても無礼がないように、丁寧に応対すること、これは基本中の基本です。それがたとえ、「業者」と呼ばれる人であっても、社会人としてのビジネスマナーを持って接するのは、当然のことです。また、顔の見えない相手と接するときに重要なことは「声の表現力」です。マニュアルどおりの機械的な対応は、時に相手を不愉快にさせることがあります。相手の顔が見えないからこそ、声の「表現」はとても重要なことです。声の「表現」とは、はっきりとした口調であることや、声のトーン、感情表現を含めたことを指します。相手の表情や態度が見えないからこそ、対面のときよりも丁寧な対応を心掛けておく必要があります。

2 ブラインドコミュニケーションが最も難しい！

　消防業務においては、顔の見えない相手とのコミュニケーションを図らなければならない場面が数多く存在しています。電話だけでなく、無線も含め、当事者間だけでなく、対面していない第三者とブラインドの状態で適切な情報の共有化を図らなければなりません。対面時ならば、相手がどのような状況にあるか、周囲の環境から察することもできますが、見えない相手とのコミュニケーションの難しさは、相手がどのような状態・環境にあるか、声の「表現」から相手の状況を想像する必要があることです。見えない相手の状況を想像しながら、適切な言語表現を選ばなくてはなりません。前章で述べていることでもありますが、対面ではないからこその心配り・気遣いの一言があるかないかで、円滑なコミュニケーションが図れるか図れないかが決まってきます。

　また、対面時と違って留意しなければならないことは、情報を的確にまとめて伝える情報の優先順位を決定していかなくてはならないことです。また、相手が伝えてきた情報を聴き間違えていないか、情報の確認作業も必ず行わなくてはなりません。見えない相手との情報の共有化は、「思い込み」が起きやすいために、互いに伝えた情報を確認しあうことは非常に大切なことです。

　消防業務の中でも通信指令の業務においては、相手が緊急事態下にあることで、正常な精神状態ではないことが前提ですから、なおさら、情報の共有化が難しい場合があります。119番通報の場合は、通報者が一番初めに接する消防職員が通信指令です。通報者が正常な精神状態ではないからこそ、聴き取る能力も伝える能力もいずれも必要とされていて、さらに、声の表現、言語表現の能力が求められます。これはコミュニケーションにおいては最も高い能力が必要と言っても過言ではありません。一般社会で言えば、コールセンターと呼ばれる電話対応専門の会社が存在していたり、部署としても専門のスタッフに特別なコミュニケーション教育が行われていることを考えれば、顔の見えない相手とのブラインドコミュニケーションの難しさが理解できると思います。

　現場でのトラブルの中では、指令内容と現場が全く違っていたということもよく聞く話です。通信指令の職員も現場活動職員も、相手から見たら同じ消防職員であり、消防職員間で情報の共有がなされていないことは、通報者・要救助者にとっては大きな不安材料になります。職員間だけではなく、例えば病院搬送においても、医師が患者の状態を把握できていな

いままで受け入れをしている、又は受け入れられないと判断していることもあります。

　見えない相手との円滑なコミュニケーションを行うためには、相手の状況を想像しながら、マニュアルに従いつつも機械的な対応になりすぎないように注意し、相手の状況に合わせた声の表現、言語表現を使い、的確に情報をまとめて、互いに情報の確認をしあうこと、これが、最低限のルールと認識しておきましょう。

ワークシート

一般的な電話マナー！これだけは知っておこう！

やってはいけない、基本の基本！

- 「はい、もしもしぃ〜。」
    - ×　個人的な電話ではありませんので、「もしもし……」はNGです。

- 「はい、××消防署でございます。」
  「はい、××消防署　警防課です。」
    - ＊　直通電話の部署によっては、「ございます」を使うように心掛けましょう（総務、予防課等、災害とは直接関係しない部署）。
    - ＊　呼び鈴が、5回以上鳴って出た場合には、必ず、「お待たせいたしました、××消防署です。」の一言を忘れずに！

- 「すみません、どなたですか？」
    - ×　相手に名前を尋ねる際には、まず、自分の名を名乗ってから、尋ねるのが基本です。
    - ○　「私、警防課の××と申しますが、恐れ入ります、お名前をお聞かせいただけますか？」

- 相手の声が聞き取れない場合
  「よく聞こえないのですが、もう一度、お名前を言ってもらえますか？」
    - ×　よく聞こえないというのは、相手を否定してしまうことになりますので要注意です。
    - ○　「恐れ入りますが、お電話が遠いようなので、もう一度、お名前を聞かせてください。」
    - ＊　よく聞こえない場合は、「お電話が遠いので」という表現を使うのが一般的です。

- 「田中課長ですか、少々、お待ちください。」
    - ×　課長の敬称はつけるべきでありません。
    - ○　「田中ですね、少々お待ちください。」
    - ○　敬称をつけるのならば、「課長の田中でございますね、少々お待ちください。」が正解です。

- 相手「○○○と申しますが田中課長はいらっしゃいますか？」
  あなた「えっと……田中は不在です。」
  × この場合、せっかくお電話をいただいたのに不在という表現を使うのが、マナーです。「あいにく田中は不在にしております（あいにく会議中で席を外しております）。」という表現を使うことで、非常に丁寧な印象を与えます。

渡部の経験談

　私が実際に経験した話ですが、ある消防署のご担当者から講師派遣の件でお電話をいただき、私があいにく不在にしていたので、折り返しのご連絡をした際のこと……。

　「JMRの渡部と申しますが、××課長はいらっしゃいますか？」と言った瞬間に、「何の用？」と言われたことがありました。

　「××課長からお電話をいただいたのですが……」と言ったところ、電話を保留することなく、「××さーん、なんとかって会社の人に電話したぁ〜？ワタベって人から電話なんだけど」と……。電話は、誰がどのような用事で掛けてくるかは分からないものです。あまり聞いたことのない相手だとしても、社会人の当然のマナーを持って接して欲しいと強く感じました。無論、そのときに、非常に不愉快な思いをしたことは言うまでもありません……。

第7章 職場内でのコミュニケーション

1 職場内ルールは厳守！（社会人のマナー）

　上下関係が厳しい消防社会でも、業務によっては、非常に長時間同僚と過ごさなければならないがゆえに、「親しき中にも礼儀あり」という、社会人としては当然の礼儀作法が崩れてしまう場合があります。職場内で親しい関係にあることは非常に良いことですが、その反面、公私混同しやすくなる危険性もあります。コミュニケーションにおいて、最も怖いことの一つは「情報操作」です。個人の感情や主観を入れて、情報を操作してしまうこと、これでは正しい情報の共有化はなされません。

　職場内では誰もが経験する対人関係の得手不得手。仕事をするうえで一番多い「悩み」は、職場内の人間関係だとも言われています。親しすぎることも、また、不仲すぎることも、どちらも、個人的な感情や個人的主観で、情報操作がされやすい環境ができてしまいます。

　業務上で必要な情報は誰とでも同様に情報の共有化がなされなければなりません。これが、業務上においてのコミュニケーションの基本中の基本です。

　そして、適切な情報の共有化を図るためにも、職場内でのルール（就業規則等含む。）は徹底しなければなりません。業務はルールの上に成り立っています。当然ながら、社会にもルールが存在しています。その一つが、社会人としてのマナー（礼儀作法）です。

　消防職員であっても社会の中の一員であることは当然ですから、職場内でも、徹底した礼儀作法がなされていなければ、外の人と接するときに咄嗟にできるか？といえば、できないのです。

　職員を見れば管理者が分かる、と言われるほど、管理者のモラルは、職員の対応に即反映されます。まずは、管理者的立場の方が率先して職場内での礼儀作法の徹底をし、円滑なコ

ミュニケーションを図るためにも職員の社会人教育をする必要があります。

　普段から上司・部下の関係においても正しい敬語が使えなければ、外部者に対してもそれが正しい敬語かどうか……分からなくなるものです。

ワークシート －正しい言葉遣いは職場から！

職場でも耳にする……間違いやすい敬語に注意！
（参考：ビジネス教育総合研究会　川口直子編著　河野篤／水口美知子／平田祐子／寺島雅隆共著
『これだけ知っ得！身につけ得！～企業が求める常識とマナー～』東京法令出版）

下記を正しい敬語にしてみよう！

あなたの答え

■　おっしゃられたように～
　　→_____

■　召し上がられますか？
　　→_____

■　お出でになられたのですか？
　　→_____

■　お見えになられています
　　→_____

■　存じ上げていらっしゃると思いますが～
　　→_____

■　参られますか？
　　→_____

＋ ワークシートアドバイス！

【解答】

おっしゃられたように	→	（正）おっしゃったように
召し上がられますか？	→	（正）召し上がりますか？
お出でになられたのですか？	→	（正）お出でになったのですか？
お見えになられています	→	（正）お見えになっています
存じ上げていらっしゃると思いますが～	→	（正）ご存知かと思いますが～
参られますか？	→	（正）いらっしゃいますか？

　丁寧に言おうとしすぎて二重敬語を使ってしまうことはよくあります。常日ごろから、当たり前のように口にしておく癖をつけておくことが、何よりも大切です。上司が部下の言葉遣いを直してあげない限り、外で恥をかいてしまうのは、その本人……。職場内でも正しい言葉遣いを徹底しながら、コミュニケーションを図ることは、外部者との円滑なコミュニケ

ーションにつながります！

(注）災害現場等では、隊員の経験値や対応する相手の年齢等で、丁寧すぎる言葉は逆に違和感を与える結果にもなりますので、時、場合、場所をしっかり使い分けできるようになることも忘れずに！

2 他人は変えられない！職場内の不平不満が出る理由……（指導と教育の違い）

　消防職員の方たちとお話させていただく時に最もご相談が多いのが、「指導」の悩み。正直、人を育成していくというのは、本当に難しいものです。永遠の課題とも言えるテーマです。
　消防職員の場合は、職場内の問題だけではなく、企業や一般市民への指導や外部研修等の指導となります。職場内と、外部の指導は全く別物だと感じている方もいらっしゃるかもしれませんが、「指導」というものの基本は、指導対象となる相手がどのような人であっても、基本的には何も変わりません。
　ただ、よく誤解されていることは「教育」と「指導」の違いです。類語ではありますが、意味していることが全く異なります。

【教育】（出典：『大辞林』三省堂）
　他人に対して、意図的な働きかけを行うことによって、その人間を望ましい方向へ変化させること。広義には、人間形成に作用するすべての精神的影響をいう。

【指導】（出典：『大辞林』三省堂）
　ある意図された方向に教え導くこと。

　教育は、ある意味、相手の意向はともかくとして、教育者側が意図した方向に働きかけることであり、指導は、双方が目的を明確にしていることに対して、指導者が導くこととされています。指導者は教育者ではないのですが、職場内でよくある話は、「指導」が必要なことに対して、自分の意図で相手に「教育」を試みてしまう方がいることです。これが、職場内での不平不満につながっていることも多くあることです。業務においては、どのような場合でも、情報の共有化がなされなければなりません。特に消防という職業においては、個人の好き嫌いで情報操作をしてしまったら、人命に関わってきます。目的が達成されない場合の多くは、個人の感情で情報操作がなされたときです。また目的が明確でないときには個人の感情が優先されてしまいます。繰り返しになりますが、業務上、達成しなければならない目的が明確にあれば、個人的な感情が優先してしまうこ

第7章　職場内でのコミュニケーション

とはあってなりません。

　個人の感情が優先されて情報操作がなされてしまう大きな原因は、相手の性格や思考が自分に合わないという理由が多くあります。しかし、性格や価値観というのは、幼少時期からの育った環境によって構築されてきたものであって、早々、変わるものではありませんが、職場内での不平不満は、「性格や考え方が違う」といった内容が実に多くあります。

　しかし……、自分の力では絶対に変えることができないことは、過去と他人です。これだけは、どうにもならないものなのです。変えて欲しいことは、性格ではなく、「業務上の改善」であり、考え方がおかしいと感じる場合は、相手が情報を共有しなければならない「目的」を認識していないだけのことです。教育すべきことと指導すべきことを間違えて、個人の性格や価値観を正そうとしたり、自分の価値観に合わせようとすることが、職場内では大きな不満になりやすくなることも認識しておく必要があります。

3　指導者の役割！（コミュニケーションは「ビジョン」ありき！）

　そもそも、互いに情報の共有化をするのには、何らかの目的がなくてはなりません。友人との何気ないコミュニケーションでも、その友人とだからこその情報の共有化がなされているはずです。これが業務となれば、なおさら、明確な目的があって情報の共有化がなされなければならないのですが、コミュニケーションのミスが起きる最も大きな理由は、「何のために」という「目的」がハッキリしていないことにあります。なぜ、その情報を共有しなければならないのかという目的が明確でなければ、コミュニケーションは成立していないのです。それが長い時間であろうと短い時間であろうと、何か共通する「目的」が存在しています。

　まずは、消防職員という職業の大きな目的である「ビジョン」を職員全員が明確に理解していなければなりません。これには価値観の違いなど関係ないことです。

　「ビジョン」とは何か？それは、「使命」とも言い換えられることですが、何のために消防組織というものがあるかという根本的なところになります。

　では、ここで質問です。

　「消防」という組織の「使命」は、何ですか？

　答え：消防組織法第1条に書かれていることです。

「消防は、その施設及び人員を活用して、国民の生命、身体及び財産を火災から保護するとともに、水火災又は地震等の災害を防除し、及びこれらの災害による被害を軽減することを任務とする。」と、されています。消防職員全員の大きなビジョンは「国民の生命、身体及び財産を保護すること」にあって、このビジョンは不動のものです。その使命を全うするために、各専門職・各部署に分かれているだけのことで、したがって、国民は、消防という組織は、自分達を守ってくれる組織として理解し、消防組織と国民の間で、情報共有化がすでに成立しているということになります。

　指導者の大きな役割は、常に、この不動のビジョンを達成するための手段となる「目的（目標）」を明確にさせ、その目的に向かって何をどうするか具体的な情報の共有をしていくことです。個人個人のレベルに合わせた目標設定をすること、それが指導者の仕事です。

ワークシート
ビジョンとゴールを設定しよう！！！

まずは、「自分」のビジョンを明確にしよう！
職場の中の自分の役割……10年後の自分のビジョンを作ってみよう！
そして、チーム内でビジョン（短期間）に向けた目標設定をしてみよう！

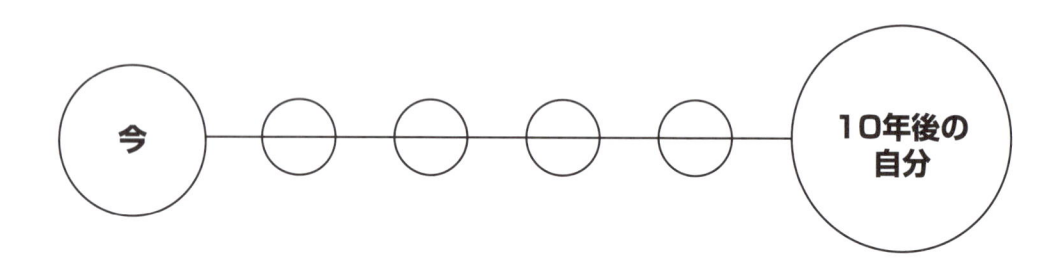

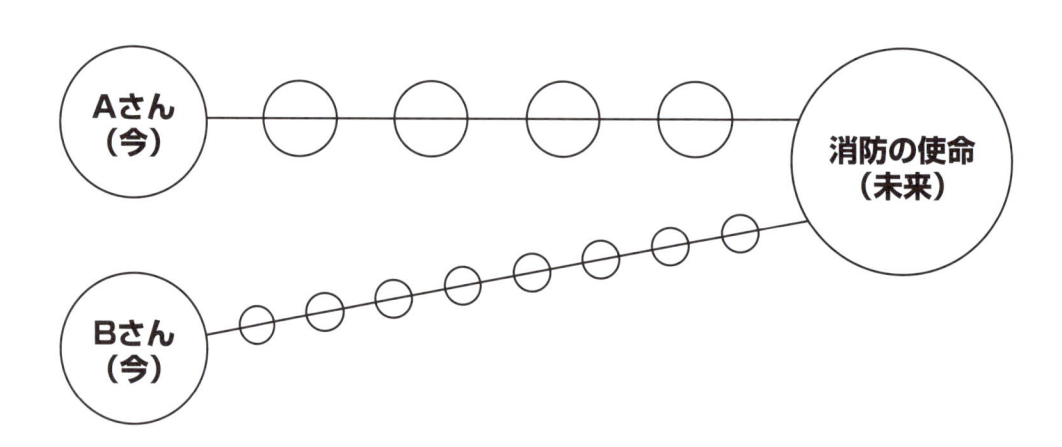

今 ─○─○─○─○─ 10年後の自分

Aさん（今）─○─○─○─○─ 消防の使命（未来）

Bさん（今）─○─○─○─○─○─○─○─

4 指導のためのコミュニケーションテクニック！ポジティブ・フィードバックとネガティブ・フィードバック

褒めるが基本？ポジティブ・フィードバック？

　数年前から救急隊の方を中心にして、よく聞かれるようになった言葉があります。「ポジティブ・フィードバック」。このカタカナ言葉、初めて目にされる方もいらっしゃるかもしれませんが、ちょっと誤解して使われている方もいらっしゃいます。工学用語としてたまに目にする言葉ですが、心理学・教育学でも使われている言葉です。フィードバックを「評価する」と思われている方が多くいらっしゃるのですが、「評価」という意味とは少し異なります。教育学・心理学で使われているフィードバックの意味は、「行動や反応をその結果を参考にして修正し、より適切なものにしていく仕組み」とされています。そのときに、相手にとって意欲や能力が良い方向へ増幅されるように、相手の望ましいことやよく理解できていること等の、前向き（ポジティブ）な指摘をすることを示しています。すなわち、相手がよく理解できていることを認めた（褒める）うえで、その結果の修正を図り、より良い結果を導き出すための手法なのです。この手法を用いることにより、場の雰囲気が和やかになり、摩擦が起こりにくいとされています。ただし、結果を伝えただけでは、意欲や能力の更なる向上にはつながりません。その「結果」を、いかに「未来」に活かすのかを伝えることが重要なのです。

必要なネガティブ・フィードバック、不要なパワーハラスメント

　ポジティブ・フィードバックがあれば、ネガティブ・フィードバックという言葉も存在します。これは、先ほどから述べていることと逆の意味であることは容易に想像できると思いますが、指導においては、このネガティブ・フィードバックを行うことは、必要なこととされています。中には「やってはいけないこと！」だと教えられている方もいらっしゃるようなのですが、それは、違います。

　相手がどんなに素晴らしい能力や知識があったとしても、相手が、もし致命的な間違いを持っているとしたら？

　その間違いを修正しないままで、本当に良い結果が導き出せるでしょうか？答えは、NO！です。いい能力を持っていても、まだまだ未熟なところは誰にでもあることです。その「間違い」や「未熟」なところを指摘して修正することを、ネガティブ・フィードバックと言います。

第7章　職場内でのコミュニケーション　61

「それ、間違えているよ！」とか、「分かってないね」なんて言われたら、いい気はしません。ここが誤解されているもと。指導者が相手に対して間違いや未熟なことだけを指摘するのは、ネガティブ・フィードバックではなく、ただのパワーハラスメント。これは、全く意味が違います。危険があるときは本気で叱らなくてはならないこともあります。これも必要なネガティブ・フィードバックです。感情的に怒ることと、必要があって叱ることは違います。ネガティブ・フィードバックは、相手が成長していくためには、とても必要な情報です。しかし、そのときに、なぜ、それをやめなければならないのか、例えば、未熟なままにしておくと、未来にどのような影響を及ぼすのか、どのような危険があるのか、そして、一番大切なことは、どのように解決していく必要があるのか、具体的な解決の手段も提示することにあります。

　ただ、問題の指摘だけなら、誰でもできることであって、問題を指摘したところで、何の解決にも至らず、相手が自信喪失してしまうだけの結果になってしまいます。指導者から問題の指摘だけを行うことは、ただのパワーハラスメントにしか過ぎません。

　相手を未来のビジョンに導くためには、相手が間違えた情報・知識を持っている場合には、それを修正しない限りは、ビジョンが達成されないことを明確に提示し、どのようにすればそれが解決するのか、具体的な解決方法も同時に提示してあげること、これが必要なネガティブ・フィードバックです。

5　リーダーシップと仕切り屋の違い……聴く耳を持て！

　今まで述べていることは、指導者にとって、知っておかなければならない最低限の知識です。でも、時々、指導という立場のリーダーシップを、単なる「仕切り屋」と誤解されている方もいらっしゃいます。リーダーは、ビジョンを明確にして、そのビジョンに近づくために個人個人の能力に合わせた具体的な解決策を明示し、小さなゴール設定を行うことができる人なのですが、仕切り屋さんに多く見られるのは、ただ問題の指摘のみを行って、後は、「オレは自分で経験して解決したんだ！」という未来に向けた解決方法の提示ではなく、「武勇伝」を提示される方。個人の武勇伝を聞かされたところで、正直、具体的にはどのように改善すべきかは理解できません。気をつけなければならないのは、現在、現場でのミスが許されない時代になっているということです。過去には

許されたことが、今では大問題になってしまうこともしばしばあります。消防での経験値が個人の知的財産になるものの、「すべて経験しろ！」は、ただのパワーハラスメントだということも、気をつけたいことですよね！

　もっとも、リーダーに「聴く耳」がなければ、どんな問題を抱えているのか、どうしてその問題が発生したのか、情報を与えてもらわなければ、個人の思考レベルに合わせた目標設定をすることはできません。聴くこともコミュニケーション能力です。聴く耳がないということは、情報の共有化の拒否、すなわち、コミュニケーションの拒否をしていることと同じことになるのです。

　リーダーシップとただの「上から目線」とは訳が違うということですね。

　また、現在、消防組織では、現場活動において年下ではあるものの国家資格者が優先されることもあります。国家資格者の「知識」が優先されていることと、人として優先されることの違いを履き違えないようにもしたいものです。親しき仲にも礼儀あり……人生の先輩、消防の大先輩としてリスペクト（尊敬・尊重）は、現場活動中でも適応されることを付け加えておきます。

ワークシート －こんなとき、どう指導する……？
困った後輩の指導の仕方

　何度注意しても同じミスを繰り返すA君……。ときには、強く怒ってみても、どうも、改善が見られないように感じられます……。「A君……ちゃんと怒られた理由って分かっているのかな」と不安すら感じるあなた……。

　そこで、あなたは、「ちゃんと分かっているかどうか」確かめてみることにしました。
　あなたなら、A君にどのように確かめてみますか？ポジティブ・フィードバック、ネガティブ・フィードバックを使って、確かめてみましょう！

- 「お前、この間怒ったこと、ちゃんと分かっているのかよ！」というパワーハラスメントとなる言い方はNGです。
- 出動した現場のケースを例に使って考えてみましょう。

ワークシートアドバイス！

　あなたが、現場活動のどのケースで叱ったかは多種多様になると思いますので、ここでの解説は、まず、ポジティブ・フィードバックをしてから、ネガティブ・フィードバックをしたかということが確認のポイントです。ここでのネガティブ・フィードバックは「自分の目から見ると改善がないように思う」というところです。もし、あなたが、この言葉をA君に伝えていたら、それは、NG。何度も出ている話ですが、相手が苦手意識を潜在意識のもっと深いところにまで追い込んでしまいます。

コミュニケーションテクニックポイント
● **ネガティブ・フィードバックは相手の口から言わせる！**
　ついつい、間違えているところ、分かっていないことを、注意（アドバイス）したくなるものなのですが、コレをやってしまうから、同じミスを繰り返してしまうのです。
　また、強引に、自分のミスを認めさせても全く意味がありません。
　ここで上手に使うのがポジティブ・フィードバックです。

● **相手の得意分野を確認してから苦手分野へとベクトルを向ける**
　例えば、A君が、外傷の知識に対しては、非常に勉強していて優秀だとしましょう。でも、その反面でとても心電図読解を苦手としているとします。その苦手がミスにつながっていることをA君が自覚しないと、根本的なミスは改善されません。

このようなケースの場合のポジティブ・フィードバック。

あくまでも例です。（会話のイメージ）
「Ａ君、この間の外傷のとき、すごくいいサポートしてくれたよね！日ごろの勉強の成果だね！あの活動はホント助かったよ。」

これが、いわゆるポジティブ・フィードバック。
では、問題に踏み込むケースの場合はどうしたらよいのでしょう？

「で、どんな外傷の現場でもいいチーム活動ができるように、ちょっとケーススタディの訓練をやろうよ。」
というような、相手が得意分野の勉強の誘い等をしてみます。
　最初は、相手の得意分野だけのケーススタディを提示してください。
　そこからの応用を提示するのが、今回の目的です。
「ホント、よく勉強してるよな……じゃあ、ちょっと難しいケースなぁ……。
　現場評価でL&Gではないと判断したのに、傷病者がなぜか胸痛を訴えてるケースはどうかな？」
等、そのケースの提示はあなたの指導力にもよりますが、本人の苦手の核を上手にケーススタディの中に盛り込むなどをすることで、相手の反応を見ることができるので、相手の苦手を指摘しやすくなります。

● **ネガティブ・フィードバックをする**
「Ａ君、胸痛の観察って、どちらかというと苦手？」
と、ダイレクトに心電図読解が苦手だろ？とは言わないことがポイントです。どちらかというと……という表現は相手のプライドを傷つけない方法の一つです。

　Ａ君「どちらかと言われれば苦手ですかねぇ……。」
　あなた「そっか……具体的に、どの辺が苦手だと感じている？」
　Ａ君「うーん、心電図が少し苦手ですかねぇ。」
　あなた「そっかぁ……心電図のどの辺に苦手を感じる？例えば、不整脈の読解とか？」
　Ａ君「そうですね、不整脈、正直、苦手ですね……。」
　あなた「そうか、じゃあ、不整脈の勉強をちょっとやろうか。Ａ君が心電図を得意にしてくれたら、胸痛でも外傷みたいなチーム活動ができるようになるしな！」

ここ気をつけて！

　NG「そっか、心電図は俺も苦手だな……」

　✕　もしも、自分が苦手だとしても、ここで同調しないでくださいね！「苦手なのは俺だけじゃない」と思われてしまうと、改善しにくくなります。

というように、理解できていないポイントが、どこにあるか、相手の口から言わせるように、質問を重ねていきます。これもネガティブ・フィードバックです。

　自分から苦手なことを言わせるようにして、そして、苦手を克服してくれたその結果どうなるかをいうこと、これが、ネガティブ・フィードバックです。

（注意）　具体的な解決方法（勉強の方法）は必ず提示してください。「じゃ、勉強しておくように」等、勝手に勉強しろといった言い方だけは絶対にNGです。暗記させても意味がありません。苦手になるのは、勉強の過程にあるはずです。間違えた勉強の過程を繰り返しても意味がありませんので苦手が克服できる具体的な勉強の手段を必ず提示してくださいね！

第8章 現場活動のマネジメント……消防ならではの事情

1 安全確保のためのコミュニケーション

　ここでは「消防」という職業ならではの特殊なコミュニケーションのお話をします。

　これまでの章とは、相反するところもあるのですが、災害現場においては、**「相手からの情報提供を拒否する」**ことも円滑なコミュニケーションを図るうえでは必要な場合があります。

　これは、どういうことかというと、何よりも要救助者の「避難」が優先される場合などは、消防側の一方的な情報提供以外に情報の共有が不要だからです。

　緊急事態の場合は、一方的な「指示・命令」のみを行い、相手からの情報提供を拒否します。この「拒否」の仕方は、消防職員にとって非常に重要なコミュニケーションスキルともいえます。災害現場において、最も優先すべきことは、「安全の確保」です。しかも、1分でも1秒でも早く行う必要があります。そのときに、会話をしている場合ではないことは多々あるはずで、その場合は、相手からの情報提供の拒否、すなわち、会話の拒否をしても良いのです。それは結果的に要救助者の「安全」につながることで、要救助者が消防に望んでいることは身の危険を排除してもらうこととして目的が達成されるからです。

　要救助者が119通報をした時点で、既に一定の情報の共有化は成立しています。ですか

ら、災害現場での「会話の拒否」は、必要なコミュニケーションなのです。

　ただし、この「会話の拒否」には、いくつかのルールがあります。この拒否の方法を間違えてしまうと、要救助者を怖がらせてしまうかもしれません。

　では、会話を拒否する場合のコミュニケーションはどのようにすればいいのでしょうか？

「相手に緊急事態だということを知らせる。」

　それだけのことなのですが、この「知らせる手段」を間違えてしまうと、相手に恐怖を与えることになってしまい、指示・命令が円滑に行えなくなるだけではなく、不要な会話をする必要が出てきます。緊急事態の現場活動においては大きなリスクです。では、どのように、緊急事態であることを知らせればいいのでしょう？

　初対面時に相手に最も影響を及ぼすのが非言語表現（表情・態度・声音）でした。

　このようなときは「言葉」ではなく、表情や態度で相手に知らせます。この表情や態度の取り方が活動を円滑にするか否かを決めています。どんなに急いでいても、こちら側が慌てているように相手が感じてしまえば、命令・指示ができない状態に陥ります。急ぐのと慌てるのは全く違います。要救助者や関係者は、救助者の態度だけではなく、現場の消防全体の動きを見ています。ですから、職員同士のやりとりだとしても、慌てているような姿を見せてはいけません。たとえ、現場で職員の働きに問題があったとしても、現場離脱後に指導すること、これも大切です。

　緊急事態であるからこそ、消防というプロとしての態度を取ることが相手に安心感を与えます。相手が、消防に信頼を寄せてくれれば、会話というコミュニケーションの「手段」は必要ありません。また、「×××しなさい！」といった、強い命令口調でも問題はありません。命令は、会話を不成立にさせる方法です。安全確保が必要な場合には、不要な会話を避けることも大切です。ただし、安全の確保が終わった後には、要救助者の精神的なケアとしても会話のキャッチボールが必要になります。このことはお忘れなく……。

2　現場活動をスムースにする！「対応術」！

　どのような現場でも119要請をしなければならない事態による苦痛から、要救助者・傷

病者（家族）・通報者は不安や恐怖、又は興奮状態にある、異常な心理状態に陥っています。コミュニケーションを図るうえでは、不安や恐怖に感じている要因を理解しているような対応が、相手に安心感を与えます。例えば、「痛いですよね、苦しいですよね」等、相手の立場に立って、理解している態度を示すことは、相手にとっては、安心感となります。これは、精神的なケアとして重要な役割も果たします。また、家族や第三者も同様で、家族の表情や態度を察しながら「ご心配ですよね」「もう少しですからね」など、家族の立場に立った言葉を掛けることで精神的苦痛が和らぐことにつながります。業務的なコミュニケーションだけではなく、このような、「気遣い・心遣い」のたった一言の対応ができると、どんな現場もスムースになります。

　また、その逆で、空気を読めてない余計な一言は現場活動の阻害要因にもなってしまいますよね。態度とも言えることではありますが、表現方法として知っておくと便利な二つの対応を具体的に解説しておきます。

　「第4章　4短時間でのコミュニケーションテクニック」で述べている質問法も同時に用いることで、現場においてスムースなコミュニケーションを図ることができます。

■　理解的対応

　「右足のここ（部位を示す）が痛いのですね」というような、相手が使ってきた言葉をそのまま用いて、共感する対応です。相手の患者の立場に立って理解していることを、相づち等も用いて表現します。ただし、同情とは違います。やたら大袈裟な共感を示すと同情と取られてしまうので要注意です！相手の状況に入り込み過ぎるのは、時間的なリスクを伴います。相手の状況を理解して、共感していることを態度や表情で伝えることで相手に安心感を与え、情報の伝達をしやすくすることができます。

■　評価的対応

　「すぐに冷やしておいたのはよかったですよ」など適、不適、善悪、効果のあるなしを評価する対応です。不適切な指摘が必要な場合は、相手から是非を問われた時だけにしましょう。これも相手に安心感を与えることになります。また、不適切な場合は、表情や態度に留意してください。責めてしまうような態度ではなく、今後の注意を促すような表現を用いることで、信頼関係が築きやすくなります。

消防ならではの短時間のコミュニケーションには高い能力が必要とされています。どんなに素晴らしい知識や技術を持っていても、情報の共有化を拒否されたら、どうしようもありません。日ごろから、コミュニケーションのテクニックも訓練しておきましょう。

ワークシート —こんなとき、どう対応する？
パニックを起こしている通報者

通報内容
2月5日　気温　2度　通報入電時刻22時30分　3歳、女児
主訴：「子供が痙攣を起こしている」
　通報者の母親が、パニックを起こしています。
　隊長のあなたが現場活動を行おうとしても、「大丈夫なんですか？大丈夫なんですか？」と繰り返し聞いてきます……。思うように現場活動が進みません……。
　そんなとき、あなたなら、どんな対応をしますか？

あなたの答え
_____
_____
_____
_____

➕ ワークシートアドバイス！

　興奮している第三者に時間を取られては意味がありませんよね。傷病者はあくまでも子供であって、母親ではありません。ここでは、まず「ご心配ですよね」と、共感的な態度を示し、現場活動に協力を促すのが有効ではないかと考えられます。「ご心配ですよね。我々も早くお子さんの状態を把握して、できるだけ早く病院に搬送したいと思いますので、○○さん、我々にご協力いただけますか？」と、相手の行動を否定せずに、相手を冷静にさせるためにも活動の協力を促してみることです。最初に強い口調で「お母さん、落ち着いて！」と言ってしまうと、「カチン」と感じる方もいるかもしれませんので（人それぞれの感じ方で違いはありますが）、まずは、相手の行動を否定しないで、同調から試みましょう。又は「○○さん、お子さんの病歴等を隊員の××が伺いますので教えてください。」と、その場から第三者を離すことも一つの方法です。

ワークシート －こんなとき、どう対応する？

黙っている傷病者

　救急現場に出動したあなたが、傷病者に聴取を始めてしばらくすると、「さっきも言っただろ！」と言ったまま、不機嫌そうに黙り込んでしまいました。そんなとき、あなたならどのような対応をしますか？

あなたの答え
_____
_____
_____

➕ ワークシートアドバイス！

　黙り込んでしまう原因が必ずあります。あなたに接触する前に既に伝えたはずだという場合には、「通報時に既にお話いただいたと思いますが、私に直接教えていただけますか？」など、自由的質問法を用いて、相手に理解を示す態度を試みます。それでも時間がかかりすぎると判断した場合には、「では、『はい』か『いいえ』で教えてくださいね」等、歩み寄るような態度を示し、直接的質問法を用いて必要な情報を聴取する等の工夫をしてみましょう。

第9章 コンプライアンスの重要性……消防のあり方の変化（マスコミ対応）

　近年、消防職員を取り巻く社会環境にも大きな変化がありました。マスコミの過剰なまでの「救急車のたらいまわし」報道は連日のように伝えられ、なお一層、国民に不安を与えるようになりました。その一方で、テレビドラマや映画で消防業務の内容が採用され、それゆえに、「消防」という業務そのものに、国民の高い関心が示されています。その結果、本来であれば報道されないような消防職員の不祥事も、新聞紙面やインターネット上に取りざたされるようになりました。今、消防職員という職業が国民にとって関心があることを常に肝に銘じておく必要がある時代になっています。少し前までは「医師」がマスコミ報道のターゲットとなっていました。医療訴訟が急増している背景には、マスコミの過熱報道も大きく影響しています。対国民とのコミュニケーションにおいては、これらの「情報」を無視することはできません。国民はあらゆる方面から発信される情報を持って、消防と接してくると考えられるからです。一昔前と違って、何かあれば訴訟を視野に入れていることを心得ておくべき時代が来ているのかもしれません。情報化社会になってコミュニケーションのあり方にも大きな変化が出てきています。本来であれば暗号のように使っていたいわゆる業界用語が業界用語ではなくなりつつあり、このことで現場活動にも支障を来すおそれも考えなければならない時代になりつつあります。

　このような時代だからこそ、「コンプライアンス」（法令の遵守）を徹底することは、とても重要なことです。業務上のコミュニケーションにおいては、いかなる場合でも「コンプライアンスありき」であって、ここから外れることはありません。また、消防職員の個人のブログやSNSに業務内容を掲載してみたり、匿名掲示板に職場の不満を書いてみたり、それ

も、本当に法令に基づいているものなのか、個人個人がそれを強く認識する必要もあります。特に、傷病者の個人情報がわかってしまう可能性のあることの言及については、個人情報保護法（平成17年施行）という比較的新しい法律ではありますが、これに基づいているかどうかの確認が非常に重要です。

　今の情報化社会は、自分が思っている以上に怖い世界でもあり、また、非常に早いスピードで情報の伝達がなされることも、よくよく心得ておくべきです。後輩の指導に当たられる職員は、インターネット上の個人サイトに関してもコンプライアンスを徹底しているかの指導が必要な時代であることも忘れずにいてください。**業務上のコミュニケーションにおいて、コンプライアンスが無視されることは有り得ません**。業務外だとしても当然のことながら業務上の法令は遵守されなくてはなりません。各職場の就業規則を含め、今一度、職場内で確認する必要がある時代になったといえるでしょう。

事件・事故が起きたときのマスコミ対応

　「消防機関による適切な報道対応体制について（通知）」（平成17年3月17日消防消第66号）並びに「消防機関による適切な報道対応に関する教育について（依頼）」（平成18年6月15日消防消第82号）の総務省消防庁通知により、消防機関による適切な報道対応に関する教育の強化が望まれています。しかし、残念ながら、実際にはテレビ等の報道で、個人の消防職員がニュース番組のインタビューに応じている姿は非常によく見かけます。

　消防消第66号によると、「地方公務員法第34条（秘密を守る義務）では、「職員は、職務上知り得た秘密を漏らしてはならない」とされ、とりわけ住民の生命、身体及び財産の保護を任務とし、個人のプライバシーに直接接する機会の多い消防職員が、その組織及び職員に対する住民の信頼に基づいて円滑な任務遂行を果たすためには、この規定の遵守が特に求められるものであります。」と通知されています。

　被害者（傷病者）の「プライバシーに関する漏洩」に当たる行為でもあるのですが、消防が発表するべき情報とするべきではない情報が区別されていないようにも感じられます。

　ここで、まず、念頭に置いておかなければならないことは、「マスコミは公的機関ではない」ということです。公的機関に対する情報提供と、民間（新聞・雑誌・テレビ（NHKも含む。））に対する情報提供の明確な区別が周知されているかどうか、ここが、混乱されている大本なのかもしれません。繰り返しますが、マスコミは公的機関ではありません。マスコミによって、日本全国だけでなく、全世界に公開される「情報」であることを、職員全員が徹底周知しておく必要があると考えられます。

マスコミの目的を理解する

　報道対応に関することは、各消防本部によって、様々なマニュアルが存在すると思いますので、ここでは、自分が報道機関からの電話や質問に対応しなければならない場合の一例を紹介します。

　マスコミの目的は、生々しい情報を得ることよって、「売りたい」「視聴率が欲しい」の２点にあります。決して、消防と同じ目的ではないことを理解しておかなければなりません。

　マスコミはプロのインタビュアーです。上手に情報を聞き出して、視聴者や読者に対してインパクトを与えられるようにその情報を編集するのが仕事です。ここをしっかり理解しておくことは非常に大切です。

ワークシート
出た電話が……マスコミだった!!!（その1）

呼び鈴が鳴ったので、思わず出たらマスコミだった……。そんなとき、あなたならどうしますか？どのように対応すればいいでしょうか？

あなた「はい、××消防　○○課です。」
相手「○○と申しますが、先ほど、×××番地に出動した救急隊の方はいらっしゃいますか？」という電話にあなたは出ました。
あなたなら、どのような対応をしますか？

あなたの答え
_____
_____
_____

➕ ワークシートアドバイス！

　マスコミであろうと、一般市民であろうと、対応は同じです。まずは、電話に出ている方のお名前、組織名、用件を伺いましょう。中には、「担当した救急隊に電話をつないでくれ！」といきなり言い出すケースも考えられますが、一般的な電話の対応と考えれば、難しくありません。

【回答例】
- あなた「大変恐れ入りますが、お名前をもう一度教えていただけますか？」
（中には、個人名だけしか名乗らない人もいます。）
- あなた「○○○様でございますね、会社名を教えていただけますか？」
（中には、皆さんが知っているようなマスコミ会社の名前ではないケースがあります。知っているような出版社やテレビ局名ではなく、例えば、編集プロダクションやテレビ番組制作会社名だと、どのような会社であるか、聞いただけでは理解できないことがありますので注意しましょう。）
- あなた「株式会社×××の○○○様ですね。恐れ入りますが、どのようなご用件でしょ

うか?」
(ここで何を言われようと動じてはなりません。文句を言われようが、探りを入れてこられようが、淡々と業務的に話を進めましょう!)

　マスコミはとても上手に情報を引き出そうとします。時には、全く違った情報の確認をしてきます。それは、「わざと」であることも念頭に置いておきましょう!「いいえ、それは違います」といった一言から、「え!違うんですか?すみません、正しいことを教えてもらえますか?」などなど、内容を訂正して話を聞き出そうとしますので、要注意。もしも、全く違った内容の確認をしてきたとしても「その件については、私では分かりかねます」でOKです。

ワークシート
出た電話が……マスコミだった!!!（その2）

　あなたが「どのようなご用件でしょうか？」と聞いたら、
マスコミ「×××さんは、到着時にはまだ意識があったと、さっき、家族の方が言ってたんですよ。その件の確認をしたいんですよね……現場に出た救急隊の方とお話させてもらえませんかね？」と、言われてしまいました。
　さて、あなたなら、どのように対応しますか？

あなたの答え
_____
_____
_____

＋ワークシートアドバイス！

【回答例】
　あなた「申し訳ございませんが、そのような件については、救急隊の×××が個人的にお話させていただくことは消防本部としてお断りしております。報道機関の方に対しては、総務担当者がお答えいたしますので、担当者につなぎます。少々お待ちください。」

　ここで、あなたの役目は終わりです。
　後は、総務や広報等、報道機関に対して応対するべき担当者に任せましょう。
　もしも、あなたがその現場に出動した張本人だとしても、上記のとおりです。間違えても、自分が「現場に出動してた！」なんて言わないでくださいね。特に、大きな事件や事故においては、現場上は、警察の捜査にも関わる重大な情報である可能性もあります。
　国民個人に関する情報も、国民の財産です。警察が警察官個人で絶対に対応しないのと全く同じことで、ここが理解できていないからこそ、たとえ、たった一部の消防職員だとしても、テレビ画面で生々しい現場の話をする「消防署の人」が減らないのかもしれません。国民から見たら、消防本部の差は理解できませんよね……。全国どこでも国民からしたら消防

職員。一人ひとりが法律を遵守する必要性は、全国の消防職員に影響が出ることも忘れてはなりません。

　与えるべき情報、与えるべきではない情報の区別をする。これも、国民の生命・財産を守るために、消防職員が全員周知しておかなければならない大切なコミュニケーションの一つです。

第10章 目指せ！コミュニケーションの達人！

誰もが悩む……職場内の人間関係

　ここまでは、現場でのコミュニケーションを中心にお話してきました。しかし、現場で円滑なコミュニケーションを図るためには、職場内で良好な人間関係が構築されていないと、非常に困難になります。先に述べたような、職場内での規則の徹底も職場の人間関係には大きく影響を及ぼします。また、私が、消防職員の方たちと接するときに、常に言わせていただいていることなのですが、消防内部の職種別派閥は、国民にとって不利益だということです。ずばり、消防隊と救急隊とのコミュニケーション不足による情報伝達の連携のミス、救助現場の指揮の徹底不足等、どれをとっても、要救助者にとってはただの不利益でしかないことに気付いていただきたいと申し上げておきます。消防に限った話ではなく、世間一般においてもよくあることですが、時折、個人の好き嫌いによる職権濫用というケースも少なくありません。しかし、消防の場合は、国民の生命・財産という尊いものを守る業務ですから、個人の感情の有無で国民を危険に晒すようなことはあってはならないことです。個人の思考で国民に不利益を与えることだけは避けてもらいたい……私の強い願いです。

　職場内で起きる問題の多くは、自分の思考と他人の思考が違うことの不満から生じることがほとんどです。業務上において、問題となるべく思考については、徹底した改善が必要ですが、業務外の個人の価値観や思想、嗜好については、関与すべきではありません。多くの場合は、公私混同をしてしまうことであり、また、個人的な立場の維持の問題等、自分主体の考え方から、人間関係がこじれてしまうこ

とがほとんどです。私にご相談をいただく内容も、現場のことよりも職場内での人間関係のことが圧倒的に多いのですが、よくよく話を聴いてみると、「苦手意識」が先行していることがほとんどです。この本のおわりに職場内での人間関係を円滑にするポイントをご紹介します。

円滑な人間関係を構築するために……

■ 常に「ゼロポジション」に立つ！

以前、他人と過去は変えられないとお話しました。特定の相手に対して苦手意識を持ったのも、過去の自分と過去の出来事です。この事実は変えられませんが、でも、今日、その嫌なことがあるとは限りませんよね？だから、その感情を常にリセットして接することです。業務上に問題があれば、しっかり議論を交わす。個人的な感情・固定概念・苦手意識を持たないこと。また、特定者のみを好意にしないこと。これが、人間関係を崩さないための大きな秘訣です。

■ 相手から選ばれるパートナーになる

業務は決して一人で行うことはできません。自分の能力が発揮できるのも同僚たちの協力があってからこそですよね。自分がパートナーを選ぶのではなく、自分がパートナーに選ばれること。相手に対しての感謝・尊敬の念を持つこと。とても簡単なことで、日々の業務に追われて忘れてしまいがちなことですが、職場内でも「ありがとうございます」の言葉を忘れずにいてください。この意識を持つだけで、職場内での人間関係はとても円滑になるものですよ。

■ まずは相手を信じる

自分のパートナーに対して不安を抱えながら、危険な業務を行うことはできませんよね。消防という業務では、自分の行動が命取りになることが多々あることと思います。まずは、相手を信じること。疑いを持っていては、とても危険な業務をこなすことはできません。相手に対して「信じているよ」という気持ちを持つことが、互いの職業のプロ意識を高めることになります。

■ プロ意識を持つ

どんな業務でも自分に課せられた業務に対しては、プロ意識を持って接することです。プロ意識と高飛車とは全く違うもので、プロであろうとすればするほど、自分の足りないことが見えてくるもので、それを補うために、学びを得ようとするものです。自分が学んだことを、押し付けることなく、業務を円滑にするものであれば、職場内で情報提供を行い、互い

に情報の共有化を図る。個人個人のプロ意識が結集されれば、職場も活発になり、円満な人間関係の構築にもつながります。

■ **常に客観性を持つ**

簡単そうで難しいことが「客観性」を持つことです。自分の感情を完全に抑えられたら、それは「悟り」を開いたのと同然。そんなことは、なかなかできないことですよね。でも、敢えて、常に客観性を持つことを念頭に入れていただきたいのです。もし、とても腹立たしいことが起きたとしても、敢えて「なぜ、腹立たしいか？」と自分に問いかけてもらいたいのです。腹立たしいことの多くは、割と、自己中心的な考えから「怒る」という感情が出ることがあります。もちろん、業務に支障があるような場合は、何が問題なのかを相手にしっかり伝え、改善を求めることはとても重要ですが、業務ではないことに腹立たしいと思うのは、自分との意見が合わないとか、相手の思考が自分に合わないとか、個人的主観によるものが多く見られます。そんなときは「意見が合ったら、だから何だろう？」と自分に問いかけてみてください。納得させたところで、自己不満の解消にしかならないことが分かってくるものですよ。

目指せ！コミュニケーションの達人！

これまでコミュニケーションの様々なことについてお話してきました。コミュニケーション＝意思・情報の伝達。互いに情報の共有化を図る、たったこれだけのことなのですが、沢山の誤解やすれ違い、そして人間関係に至るまで、非常に大きな影響を及ぼすのもコミュニケーションです。どんなに優秀な知識や技能を持っていたとしても、コミュニケーション能力が欠如しているがゆえに、相手に受け入れてもらえなければ、その知識や技術を発揮することすらできません。普段の業務の訓練はしているけど、コミュニケーションの訓練をしている人は、ほとんどいらっしゃらないのではないでしょうか？でも、コミュニケーションも訓練次第で、いくらでも高い能力をつけることができます。

コミュニケーション能力はEQ（心の知能指数）が求められています。コミュニケーションが円滑に図ることができるような「場の空気を創造」できるようになれば、今まで以上に

より円滑な現場活動を行うことも可能です。コミュニケーションを上達させるために、最も重要なことは「思考」です。相手の立場に立って、自分を客観的に見ることができる思考を持てるか……。相手から自分がどう写っているか、それを自分自身でしっかり正しく評価できているかどうか。それができるようになれば、あなたもコミュニケーションの達人になれます。今回、書かせていただいた内容は、実はこの「思考」のことです。自分の考え方一つ……とても簡単そうで、とても難しいことでもありますが、ほんの少し、自分の思考を変えてみてください。たったそれだけで、コミュニケーションの達人になることができるのです。

おわりに

　私が消防職員の方たちと接するようになって、早10年が過ぎました。また、消防職員のためのコミュニケーションの指導をさせていただくようになって5年が過ぎました。10年前では、まったく理解されていなかったことかもしれませんが、この数年で、ようやく、コミュニケーションの重要性を理解してくださる方々も増えてきました。2008年の1月から、『月刊消防』に連載させていただいた内容を一部変更し、この『組織力UP！ 現場力UP！ 消防職員のためのコミュニケーション実践講座』を執筆いたしました。ワークブックの作成に当たって、ご指導くださった、消防職員の皆様に、心からの感謝を申し上げます。

　振り返れば、この10年、社会的にも消防職員の方たちにも大きな変化が起きた10年だったと感じています。10年前は、それこそ、「e-mail」すらまだまだ理解されない時代だったようにも思います。情報化社会は、消防組織にも大きな変化を及ぼしたのではないかと思います。その昔だったら、交流することがなかった他の消防本部の人たちとも、今では容易に情報の共有化ができるようになりました。情報は有効に活用すれば、非常に有益です。**今回、イラストを書いてくださった、イラストレーターのA子さんとは、今では趣味を通じた友人ですが、A子さんは2006年に日本ブログ大賞を受賞した非常に有名なブロガーさんでもあり、私が知り合えたのは、情報化社会がもたらしてくれた奇跡的なご縁とも言えると思います。そんな出会いがあるのも情報化社会の魅力の一つです。**

　しかし、その一方で、多種多様情報に国民は非常に敏感であって、その情報を消防の現場にも求める傾向が強まってきました。対応するスピードも含め、ただ技術や知識があればいいという時代ではなくなったように感じています。国民が望む消防の姿にも大きな変化の時がきているように思います。

　各地での市町村合併に伴い、何てことのないコミュニケーションエラーが起きるようになったり、言い間違えや聞き間違え、元をたどれば、本当に大したことのない内容が、大きな問題に発展してしまったり……。コミュニケーションエラーのようなつまらないことで、消防業務に支障をきたして欲しくない！それが、私が一番願っていることです。もっとシンプルなコミュニケーションを考えてもらえれば……。互いの目的を達成するためには円滑なコミュニケーションが必要で、コミュニケーション技術をつけてもらうことで、皆さんが持っている消防の技術や知識がより高まるのではないかと思っています。私は民間人でありながらも、自称国民代表の消防応援団長です。消防職員の皆さんがもっともっといい仕事ができるようになるために、私にできることは何か……。この10年、ひたすら、それだけを追い求めてきたように思います。この本を通じて、**読者の皆さん、一人ひとりが、消防人として誇りを持って業務に当たってくださることを心から願っています。**

【編著者紹介】
渡部須美子
（わたべ・すみこ）
株式会社95R　代表取締役

　平成16年8月に（株）ジャパン・メディカル・レスポンス（現：（株）95R）を設立。救急救命士有資格者の社会的利活用を目的に、平成24年11月には一般財団法人日本救護救急財団を設立、専務理事に就任。
　職場の垣根を越えた救急救命士の連携による持続可能な救急医療の実現に向け邁進中！
　令和5年6月に同財団代表理事就任。消防学校、消防職員研修、救急救命士養成課程、救急救命士会等でコミュニケーションスキルやリーダシップ研修の講師としても活躍中。
https://www.95r.co.jp/

【イラストレーター紹介】
A子
主婦、イラストレーター

　事務職OLを退職し、専業主婦になって始めたイラストブログが徐々に世間の目に留まるようになり、『日本ブログ大賞2006・ホビー大賞』受賞後、イラストレーターを本業に現在も邁進中。
　主な著書に『燃える妻のゴルフ狂時代』（ゴルフダイジェスト社）、『かわいい子にはゴルフをさせよ！』『イクメン先生の夢をかなえるわくわく子育て』（保育社）、『ゴルフ1年生』（（株）エンターブレイン）、『シングルゴルファーになるヒント70』（Pargolf&Company）、『心を整える写経と写仏』（河出書房新社）など。ベストスコア84。50歳を目前に始めた二重跳び連続ベスト81回。現在は夫婦そろって早朝ジョギングを日課に、目指すはフルマラソン。

組織力UP！　現場力UP！
消防職員のためのコミュニケーション実践講座

平成21年9月5日　初版発行
令和5年6月20日　初版11刷発行

監　修	丸山　英生	（元佐世保市消防局長）
	竹田　豊	（元出雲市消防本部　救急救命士）
編　著	渡部須美子	
	（株式会社95R　代表取締役）	
発行者	星沢　卓也	
発行所	東京法令出版株式会社	

112-0002	東京都文京区小石川5丁目17番3号	03(5803)3304
534-0024	大阪市都島区東野田町1丁目17番12号	06(6355)5226
062-0902	札幌市豊平区豊平2条5丁目1番27号	011(822)8811
980-0012	仙台市青葉区錦町1丁目1番10号	022(216)5871
460-0003	名古屋市中区錦1丁目6番34号	052(218)5552
730-0005	広島市中区西白島町11番9号	082(212)0888
810-0011	福岡市中央区高砂2丁目13番22号	092(533)1588
380-8688	長野市南千歳町1005番地	

〔営業〕TEL 026(224)5411　FAX 026(224)5419
〔編集〕TEL 026(224)5412　FAX 026(224)5439
https://www.tokyo-horei.co.jp/

© SUMIKO WATABE Printed in Japan, 2009
本書の全部又は一部の複写、複製及び磁気又は光記録媒体への入力等は、著作権法上での例外を除き禁じられています。これらの許諾については、当社までご照会ください。
落丁本・乱丁本はお取替えいたします。
ISBN978-4-8090-2286-9